Lars Mandelkow

Eine Reise zum Mittelpunkt der Ehe

Lars Mandelkow

EINE REISE ZUM MITTELPUNKT DER EHE

Kein typischer Eheratgeber!

... UND WIE LIEBE GROSS WIRD

SCM
Hänssler

SCM

Stiftung Christliche Medien

SCM Hänssler ist ein Imprint der SCM Verlagsgruppe, die zur Stiftung Christliche Medien gehört, einer gemeinnützigen Stiftung, die sich für die Förderung und Verbreitung christlicher Bücher, Zeitschriften, Filme und Musik einsetzt.

Die Briefe in diesem Buch sind rein fiktiv.
Ähnlichkeiten sind rein zufällig und nicht beabsichtigt.

MIX
Papier aus verantwortungsvollen Quellen
FSC® C084279
www.fsc.org

Max-Eyth-Straße 41 · 71088 Holzgerlingen
Internet: www.scm-haenssler.de · E-Mail: info@scm-haenssler.de

Hauptübersetzung:
Lutherbibel, revidiert 2017, © 2016 Deutsche Bibelgesellschaft, Stuttgart.

Lektorat: Mirja Wagner, www.lektorat-punktlandung.de
Umschlaggestaltung und Teileinstiegsseiten: Erik Pabst, www.erikpabst.de
Autorenfoto: © Lasse Eid / Ansgar Høyskole
Satz: typoscript GmbH, Walddorfhäslach
Druck und Bindung: Print Consult GmbH
Gedruckt in der Slowakei
ISBN 978-3-7751-6132-9
Bestell-Nr. 396.132

INHALT

GUTE REISE!

Jules Verne liebte die Fantasie und die Wissenschaft – eine schöne Kombination. Sein Roman »Reise zum Mittelpunkt der Erde« wurde 1864 veröffentlicht, in einer Zeit fantasievoller Wissenschaft und großer Entdeckerfreude. Auch zahlreiche seiner anderen Bücher (»20 000 Meilen unter dem Meer«, »In 80 Tagen um die Welt« oder »Von der Erde zum Mond«) sind Geschichten von Entdeckungsreisen. Ein Blick hinaus über die Grenzen des Altbekannten, offen für Überraschungen.

In der »Reise zum Mittelpunkt der Erde« etwa steigt ein verschrobener Professor mit einer Handvoll Helfern in einen isländischen Vulkankrater hinab, um herauszufinden, wie das Innere der Erde aussieht. Sie folgen einer alten Handschrift, die den Weg vorzeichnet. Und siehe da: Unsere Welt ist hohl und von wunderlichen Wesen bewohnt, die aus lange vergangenen Zeiten stammen. Längst nicht alles lässt sich verstehen, viele Rätsel bleiben ungelöst und doch ist es eine spannende Reise in eine Welt voller Reichtümer.

Jules Verne stand Pate bei der Namensgebung dieses Buches, denn »Eine Reise zum Mittelpunkt der Ehe« ist ähnlich zu verstehen: Es ist eine Expedition, um unter der Oberfläche einer altbekannten Welt Neues zu entdecken. Wie Wesen aus vergangenen Zeiten wohnen im Inneren der Ehe Gedanken, Sehnsüchte und gesellschaftliche Ordnungen – manche von ihnen bekommen wir vielleicht zu Gesicht, wenn wir in die Tiefe steigen. Manches Rätsel lässt sich sicher auch nicht lösen bei unserem Versuch, bis zum Kern vorzudringen. Und vielleicht kommen wir – genau wie Jules Vernes Expeditionstruppe – nicht an dem Ort wieder zurück an die Oberfläche, an dem wir den Abstieg begonnen haben, sondern an einem ganz anderen. Das jedenfalls wünsche ich Ihnen: dass Sie die Ehe – Ihre eigene und die anderer – mit neuen Augen sehen, wenn die Reise zu Ende ist.

Gebuchsanweisung

Wie sollte es anders sein: Dieses Buch ist ein bisschen wie eine Ehe. Es besteht aus zwei ungleichen Teilen, die sich in einem gemeinsamen Rahmen wiederfinden, weil das irgendwann einmal wie eine gute Idee klang. In einem Anflug von Begeisterung haben sich die beiden zusammengetan und sind dann gewachsen – aneinander und jeweils für sich. Nun stehen sie da in ihrer Unterschiedlichkeit, und die Frage, wie genau sie eigentlich zusammengehören, ist gar nicht so leicht zu beantworten. Und doch ahnt man: Die eigentliche Verbindung liegt wohl zwischen den Zeilen.

Konkret heißt das: Der eine Teil des Buches ist eine frei erfundene, vom Leben und von vielen Geschichten aus meiner Beratungspraxis inspirierte Geschichte. Sie erkennen sie leicht am besonderen Layout. »Briefe ohne Antwort« ist ihr Titel, und sie setzt sich zusammen aus einer Reihe von E-Mails und Briefen, die sich alle um eine ganz bestimmte Situation in einer ganz bestimmten Ehe drehen. Diese Briefe finden Sie zwischendurch, eingestreut zwischen die anderen Kapitel des Buches.

Diese anderen Kapitel sind der eher sachliche Teil: eine Auseinandersetzung mit der Ehe, eine Suche nach ihrem guten Kern, eine Reise zum Mittelpunkt der Ehe. Dieser Teil beginnt mit einer kleinen Geschichte der Ehe (sehr spannend: Was hat die Ehe eines Bauernpaars im Mittelalter mit der Hochzeit Ihrer Eltern gemein?

Und diese wiederum der Ihrer Kinder?), geht weiter mit den Herausforderungen, die die Ehe in unseren Zeiten, in unserem Teil der Welt mit sich bringt und kommt dann recht schnell zum Hauptteil mit der Frage: »Wie kann sie gelingen?« Und: »Muss sie das überhaupt?«

Sie können diese beiden Teile so lesen, wie sie dastehen, durcheinander-nacheinander weg. Das entspricht wohl am ehesten dem normalen Leben, das trotz seiner typischen Phasen ja doch eher ungeordnet daherkommt. Genauso gut können Sie aber auch zuerst den einen und dann den anderen Teil lesen. Das mag besonders denen entgegenkommen, die noch immer hoffen, dass sich das Leben eigentlich ordnen lässt. Oder die wissen wollen, wie es weitergeht. Keine Sorge: Die beiden Teile hängen zwar zusammen, aber sie sind doch eigenständig. Wie in einer Ehe eben.

Der Vollständigkeit halber sollte ich noch erwähnen, dass es natürlich auch möglich ist, einen Teil oder sogar das ganze Buch gar nicht zu lesen. So ein Buch über die Ehe eignet sich ja auch vorzüglich als non-verbale Aufforderung zum Gespräch, wenn es wie zufällig auf dem Wohnzimmertisch liegt. Oder als Stütze unter eben diesem Tisch, wenn er wackelt. Aber das müssen Sie mir dann vielleicht nicht erzählen.

Mann o Mann – wer schreibt hier was?

Wer als 50-jähriger, weißer, christlicher, heterosexueller, verheirateter, west-(muss das wirklich noch gesagt werden?)deutscher Psychologe und Theologe ein Buch über die Ehe schreiben will und sich zu diesem Thema in die Literatur vertieft, bekommt schnell den Eindruck, dass es deutlich sicherer ist, lieber doch kein Buch zu schreiben. Christliche, weiße Männer haben keinen guten Ruf. Sie sind im Durchschnitt privilegiert, sitzen am längeren Hebel, profitieren vom System. Sie sind tendenziell auf der dunklen Seite der Macht. Und wenn es dann ausgerechnet um die Ehe geht, wird es noch schlimmer. Die Ehe steht nämlich gleich doppelt in Verruf: zum einen ein Instrument der männlichen Vorherrschaft zu sein, zum anderen ein Relikt der mittelalterlichen Kirchenmacht. Und wenn man sich manche Kapitel der Geschichte und auch der Gegenwart anschaut, muss man leider sagen: zu Recht.

Dazu kommt, dass zwischen etlichen, die sich zurzeit für Familien- und Beziehungsformen interessieren, eine Art verbaler Krieg zu herrschen scheint. Feministinnen und erzkonservative Christen, katholische Frauen und LGBTQ*-Leute haben sehr unterschiedliche Dinge dazu zu sagen, nur gibt es oftmals keine besonders gute Streitkultur. Verurteilen geht schneller als zuhören. Die einen ziehen über die anderen her wie die Heere im Dreißigjährigen Krieg über die Felder. Wenn beide Heere darübergezogen sind, wächst da nichts mehr. Wer als verheirateter Heteromann in einem christlichen Verlag etwas über Ehe schreibt, läuft Gefahr, auf eben diesem Schlachtfeld zu enden, bevor es überhaupt einen Dialog gegeben hat. Von der Gefahr, den eigenen, unreflektierten Vorurteilen zu erliegen, ganz zu schweigen.

*Innenministerium?

Wo wir gerade dabei sind: Wer ein Buch schreibt, der muss sich mit Sprache auseinandersetzen. Der? Nein, auch die. Also: Schreibende, Autorinnen und Autoren, AutorInnen und Autor*innen machen mit ihren Aussagen immer auch eine Aussage. Ja, stimmt wohl, liest sich aber unter Umständen auch etwas unhandlich. Noch gibt es keine Form, auf die sich alle geeinigt haben, die guten Willens sind. Und der Versuch, Sprache per Gesetz zu regeln, ist ein zweischneidiges Schwert. Natürlich kann das wichtig sein, weil unsere Sprache unser Denken ebenso prägt wie andersherum, und manche Gedanken möglichst deutlich als gefährlich oder schädlich entlarvt gehören: Nazi-Parolen sind verboten, frauenverachtende Beschimpfungen können als Straftaten geahndet werden.

Es ist aber auch problematisch, weil Sprache und Menschen Freiheit brauchen, um sich natürlich zu entwickeln, und weil es schwer ist, die Grenze zu finden zwischen guter, vorsichtiger Sprache und verkrampfter. Manche Leute, die sich mit Sprache auseinandersetzen, beklagen den möglichen Verlust nützlicher kleiner Worte und Wendungen (»wer…, der…«, »jemand«, »man«…), andere wollen einfach aus Bequemlichkeit bei dem bleiben, was sie gewohnt sind.

Für mich ist eines der gewichtigsten Argumente gegen verbindliche gendergerechte Sprachregelungen dieses: Eine Sprache, die ständig alle Geschlechter ausformuliert, mag gerechter klingen, sie ist aber auch geschlechtsfokussiert. Wenn ich, anstatt generell über alle zu sprechen, durchgängig von Frauen, Männern und allen anderen spreche, rücke ich einen Unterschied in den Mittelpunkt, der in vielen Situationen eben gerade nicht so wichtig sein sollte: das Geschlecht. Auf dem Weg in eine Gesellschaft, in der unterschiedliche Geschlechter etwa bei Berufswahl, Bewerbung und Bezahlung oder auch beim Nachdenken über eine faire Partnerschaft keinen Unterschied mehr machen, kann es auch ein Zuviel an Aufmerksamkeit für eben diese Unterschiede geben – z. B. wenn die Sprache ständig darauf verweist, dass eine Aussage für Männer und Frauen gleichermaßen gilt. Manche Aussagen verlieren durch zu viel Gender-Aufmerksamkeit sogar ihre inhaltliche Klarheit: Wer statt

»Künstler und Akademiker wurden von den Nationalsozialisten ermordet« die korrekte, vollständige Form wählt: »Künstlerinnen und Künstler sowie Akademikerinnen und Akademiker wurden von den Nationalsozialistinnen und Nationalsozialisten ermordet«, verschiebt die Aussage. Es geht hier um Gesinnungsmord, nicht um Geschlechtergerechtigkeit. Also doch selektives Gendern?

Andererseits sollte es gerade in einem Buch über die Ehe, also im besten Fall über einen guten Rahmen für das Zusammenleben unterschiedlicher Menschen, auch sprachlich gerecht zugehen. Ich bemühe mich in diesem Buch um einen Sprachstil, der mit herkömmlichen Mitteln ausgewogene Aussagen macht.[1] Konkret heißt das, dass ich neutrale Formulierungen verwende, wo es geht (an Teilnehmende habe ich mich inzwischen gewöhnt), dass ich in Aufzählungen gern mal platzsparend abwechsle (Anwältinnen, Lehrer und Pflegekräfte) und manchmal auch eine herkömmliche Form benutze, wenn nach meinem Empfinden die gendergerechte Version mehr Verwirrung als Klärung bringt (etwa »beide Partner«, wenn von den zwei Personen in einem Paar die Rede ist, weil Partner und Partnerinnen sich nach mehr als zwei anhört). Und dass ich das Gender-Sternchen verwende, wenn es sich anbietet (Autor*innen und Leser*innen, weil ich Schreibende und Lesende einfach nicht über mich bringe). Dieses Sternchen finde ich, bei aller Kontroverse, doch eine zudem grafisch hübsche Art, Vielfalt auszudrücken – und auch Vielfalt lässt sich ja durchaus vielfältig verstehen. Außerdem ist mir als Christ der Gedanke nicht fremd, dass Sterne uns zu unbekannten Zielen leiten. Vielleicht gilt das auch sprachlich. Zumal ja weder der Stern noch das Sternchen das Ziel selbst darstellen, sie weisen höchstens den Weg.

Zum Glück ist Sprache lebendig, und ich bin gespannt, welche Form der Gerechtigkeit die Deutschsprechenden in ein paar Jahren gefunden haben werden. So lange bleiben wir auf dem Weg,

Hauptsache, wir reden miteinander. Mir ist es wichtig, niemanden unnötig zu provozieren. Manche Provokationen sind allerdings beabsichtigt. Ich hoffe, dass Sie, werte Leserin und werter Leser, sich durch meine Wortwahl eingeladen fühlen, sich mit den Inhalten auseinanderzusetzen, über die ich schreibe, und sich nicht an der äußeren Form zu stören. Und wenn doch, bitte ich Sie um Wohlwollen. Und wenn Sie sich zu sehr ärgern, wenden Sie sich gern direkt an mich – im persönlichen Kontakt lässt sich das meiste am besten klären: lars@mandelkow.info.

Güte-Kriterien

Die Sprache ist die äußere Form und zugleich der einzige Weg, sich über das Innere zu äußern. Und sie ist ein Dickicht möglicher Missverständnisse. Ein paar Worte zu meiner Grundhaltung sind also vorab vielleicht hilfreich. Und um direkt einen Eindruck davon zu vermitteln, wo mein Standpunkt zwischen traditionellem christlichem Gedankengut und moderner Psychologie ist, benutze ich drei sehr klassische Begriffe als Gütekriterien für dieses Buch. Wie also soll dieses Buch sein?

1. **Demütig**
   Demut ist eine gute alte, nicht nur christliche Tugend, die zum Glück gerade ein Comeback erlebt. Die Religionspsychologie beschäftigt sich z. B. mit der Demut als Grundvoraussetzung für gute Leitung, gute Forschung und persönliche Entwicklung. Auch weiße, christliche Männer sind Teil dieser Bewegung.[2] Das macht Hoffnung. Demut ist die Fähigkeit und die Bereitschaft, sich selbst in Perspektive zu

setzen, die eigene Begrenztheit anzuerkennen und den eigenen Standpunkt als vorläufig und beweglich zu vertreten. Für mich und dieses Buch heißt das: Ich weiß, dass ich – als Mann, 1971 in Schleswig-Holstein geboren, seit fast 25 Jahren zum Glück verheiratet – nur sehr begrenzt verstehen kann, was andere – Frauen, Menschen, die 1954 oder 2001 im Senegal oder in den USA geboren wurden, in eingetragener Partnerschaft Lebende oder Singles – erleben, was für sie wichtig oder gar heilig ist. Was ich schreibe, mögen andere abwegig oder unverständlich finden. Es nicht zu schreiben, ist aber auch keine Lösung. Also kann das Buch nur eine bescheidene (aber hoffentlich deutliche) Darstellung eines möglichen Standpunktes sein und die Einladung zum Dialog, zum gemeinsamen Lernen. Das Problem der Einseitigkeit versuche ich auch dadurch zu lösen, dass ich die Ergebnisse einer Umfrage einfließen lasse, die ich Anfang 2021 bundesweit unter Geistlichen, Mitarbeitenden in der Paarberatung und Anwält*innen für Familienrecht gemacht habe. Ich wollte wissen, was diese drei Berufsgruppen, die ja in sehr unterschiedlichen Phasen der Ehe aktiv sind, grundsätzlich von der Ehe halten. Sie können gespannt sein![3]

2. **Gnädig**

Die Gnade ist nach meinem Verständnis der gute Kern des Christentums (das zugegebenermaßen manchmal eine recht merkwürdige Schale hat). Gnade ist die geballte Kraft von Freundlichkeit, Wohlwollen, Geduld und Vergebung. Der christliche Glaube stellt sich einen gnädigen Gott vor, einen, der seine Geschöpfe freundlich und empathisch begleitet. Und selbst Menschen, die mit diesem Glauben nichts anfangen können, sind oft einverstanden mit der Behauptung, dass Gnade als eine irdische Verwirklichung dieser himmlischen

Idee auch zwischen Menschen hilfreich ist. Das klingt vielleicht etwas weichgespült, ist aber eigentlich eine radikale Richtungsentscheidung: Das alte Wort »Gnade« übersetzt ins Schulsystem, in die Politik, in die Wirtschaft – wie würde das aussehen? Wie Gnade im Familienleben aussehen könnte, habe ich im Buch »Der Bullerbü-Komplex« versucht zu beschreiben.[4] In diesem Buch hier geht es nun um einen gnädigen Zugang zur Ehe. Das heißt, es geht nicht so sehr darum, festzustellen, was falsch und was richtig ist. Ich will mich nicht in die Schlacht zwischen orthodoxen Feministinnen, rechtgläubigen Queers und bibeltreuen Buchstabenchristen um die wirkliche Wahrheit begeben. Vielmehr will ich mich auf die Suche machen nach dem, was geht. Ich will beschreiben, was Menschen in der Ehe suchen und was sie finden. Dabei wird es nicht um die eine, richtige, äußere Form gehen, sondern um viele mögliche Inhalte dieser Idee »Ehe«. Auf der »Reise zum Mittelpunkt der Ehe« sind wir natürlich nicht am Ziel. Aber auf dem Weg. Und damit die Richtung stimmt, sollten wir uns verständigen über den Startpunkt der Reise (unsere Geschichte), die Landkarte (unser Wissen von heute) und den Kompass (unsere Werte). Gnade ist so etwas wie der Norden bei diesem Kompass. Kommen Sie gern mit!

3. **Hoffnungsvoll**

Viele Menschen erleben Ehe als etwas Gutes. Meistens. Viele Menschen leiden an oder in der Ehe. Oft. Die Scheidungszahlen sind hoch, die Heiratszahlen auch. Für Hochzeiten werden Unsummen ausgegeben, für Scheidungen noch viel mehr.[5] Nicht zu heiraten, löst die meisten Beziehungsprobleme auch nicht. Meine Gedanken begründen sich unter anderem auf viele Hundert Stunden Paarberatung, in denen ich versucht habe, Frauen und Männern zu helfen, ihre vielfältigen Krisen zu verstehen und zu lösen. Oft war ich als Paartherapeut eine Art Hoffnungsträger für Menschen, die unter Konflikten und Kränkungen gelitten haben, ihre Liebe aber nicht leichtfertig aufgeben wollten. Ich wurde Zeuge manchen Scheiterns, aber auch vieler glücklicher Wendungen. Oft war ich beeindruckt davon, wie Paare zu neuem Verständnis, einem neuen Miteinander oder einer alten Liebe gefunden haben, wie sie ihren ganz persönlichen Weg in ihrer ganz individuellen Partnerschaft eingeschlagen haben. Es ist ein zutiefst ergreifendes Gefühl, zu Recht Hoffnungsträger gewesen zu sein. Prinzipien und Orthodoxie spielten dabei selten eine Rolle. Ich bin sicher, dass viel von der Heftigkeit, mit der um die rechte Lebens- und Beziehungsform gestritten wird, mit dem Leid zu erklären ist, das viele Menschen in Beziehungen erleben – in ehelichen wie nicht ehelichen. Und weil man eigenes Leiden gern den anderen und den Andersdenkenden in die Schuhe schiebt, heizt sich die Debatte schnell auf. Sie hilft aber meist nicht weiter, schon gar nicht denen, die es gerade nicht leicht haben. In diesem Buch will ich lieber Hoffnung verbreiten. Hoffnung auf tragende Beziehungen, auf gute Veränderungen. Ich bin überzeugt, dass die Ehe bei allem Für und Wider einen guten Kern hat und dass es sich für jede und jeden lohnt, sich auf diesen Kern zu besinnen.

EHE es zu spät ist – für wen ist das Buch?

Dieses Buch ist für alle, die im weitesten Sinne von Ehe betroffen sind. Ob Sie gerade mit Ihrer eigenen Ehe hadern, eine zweite hinter sich haben oder in einer langen Ehe sehr zufrieden sind, ob Sie bewusst nicht geheiratet haben, sich aber für das Thema interessieren, oder ob Sie sich als außenstehende Person mit den Herausforderungen im Leben der anderen befassen – Sie werden hoffentlich etwas in diesem Buch finden, das Sie bestärkt oder bereichert. Das gilt natürlich auch, wenn Sie aus anderen Gründen nach diesem Buch gegriffen haben. Nach meiner Erfahrung finden Menschen in meinen Texten oftmals auch Dinge, die ich selbst dort gar nicht versteckt habe.

Eher nicht geeignet ist das Buch für Menschen, die die einzig wahre Antwort auf die Fragen der Ehe schon gefunden haben. Sie könnten sich an manchem stören, was ich über die Geschichte und die biblischen Traditionen zu diesem Thema zu sagen habe. Wenn Sie allerdings Lust haben, sich ein wenig stören zu lassen, sich mit alternativen Wahrheiten auseinanderzusetzen – herzliche Einladung!

Der erste Teil gibt einen Überblick und einige Hintergrundinformationen – eine kurze Geschichte der Ehe und die besondere Situation heute. Im zweiten Teil wird es praktischer und es geht um tragende Werte und guten Wandel, darum, wie sich lange Beziehungen mehr als Segen denn als Fluch gestalten lassen, es geht um Kommunikation und andere klassische Lernfelder.

Ein Buch über Ehe zu schreiben und dabei das Thema Trennung und Scheidung auszusparen, wäre ignorant – und alles andere als gnädig. Ich glaube vielmehr, dass die Kirche es bisher versäumt hat, sich der Realität von Trennungen und Scheidungen angemessen zu stellen und neben der wunderbaren Arbeit in vielen Ehe-, Lebens- und Familienberatungsstellen auch offizielle kirchliche Rituale und eine passende Lehre diesbezüglich anzubieten. Wenn Sie also mit einer Scheidung zu tun haben – Ihrer eigenen oder der von anderen – ist hoffentlich auch für Sie in diesem Buch etwas zu finden. Passenderweise besonders am Ende.

Briefe ohne Antwort I

Gesendet: Freitag, 05. Juli 2019, um 22:58 Uhr
Von: »Maya Wegner« <maya@wegner.net>
An: »Joshua Wegner« <jw@connect-it.com>
Betreff: Briefe ohne Antwort

Lieber Josch,
draußen ist es heiß wie selten, aber mir ist so kalt. Und ich weiß echt nicht, wo ich anfangen soll.
Mir ist klar, dass du mir nicht antworten wirst, keine Sorge – kein Druck! Aber ich kann dir nicht NICHT schreiben, während ich hier zu Hause hocke und alles in mir sich um UNS dreht. Du meinst bestimmt, dass sich alles zu sehr um MICH dreht. Aber so sehe ich das nicht. Ich sehe mich selbst ja kaum. Die Welt ist ein Strudel. Ich habe Angst, zu ertrinken. Aber ich will, dass es sich um UNS dreht. Du hast gesagt, Du musst über unsere Ehe nachdenken. Ob ausgerechnet bei deinen Eltern der beste Ort ist, das zu tun, weiß ich nicht. Aber jedenfalls sollst du wissen, dass ich dasselbe tue – ich denke über unsere Ehe nach.
Die Sommerferien sind Glück im Unglück. Ich könnte nicht eine einzige Unterrichtsstunde vorbereiten im Moment. Geschweige denn vor einer Klasse stehen. Ich würde das nicht hinkriegen. Ich würde so enden wie die Paulsen: entweder am Klavier klimpern, während die Klasse macht, was sie will, oder wahllos Schüler anschreien, die nicht gerade sitzen. Am Ende kam sie fast nur noch mit Fahne zur Schule, ganz aufgedunsen. Das letzte Halbjahr war sie gar nicht mehr da. Ich habe fast alle ihre Klassen vertreten. Vielleicht hatte sie ja auch bloß ein gebrochenes Herz. Hoffentlich ist sie nicht daran gestorben. Ich glaube inzwischen, dass das gar nicht so schwer ist. Aber vielleicht ist sie ja auch in irgendeiner

freundlichen Entziehungsklinik, wo sie töpfern kann und batiken und sich von Therapeutinnen mit weiten Klamotten verständnisvoll angucken lässt. Im Kollegium spricht keiner mehr über sie. Alle sind beschäftigt, alle müssen abliefern. Und die Herde vergisst schnell – wenn die Löwen ein Tier aus der Mitte gerissen haben, schließt sich die Lücke und die Masse zieht weiter. Die Löwen picken sich die Schwachen, Alten und Kranken raus. Jetzt bin ich dran. Ob die Herde nach den Sommerferien wohl ohne mich weiterzieht? Die Löwen lauern vor dem Haus. Ich geh kaum vor die Tür. Hab mir sogar Pizza bestellt, wenn ich denn mal Hunger hatte. Aber keine Sorge, Josch, ich werde nicht anfangen zu trinken wie die Paulsen. Jetzt schon gar nicht. Aber ich laufe hier drinnen rum wie ein eingesperrtes Tier. Will nicht drinnen sein und traue mich nicht raus. Ich spiele viel Klavier. Das stört ja jetzt zum Glück keinen mehr. Die Nachbarn sind im Urlaub und dein Arbeitszimmer ist leer. Die Tastatur nimmt alles entgegen, meine Angst, meine Wut, die Verwirrung, die Leere. Ich weiß oft nicht, was ich spiele und wie lange.

Seltsam: Wenn ich »Tastatur« sage, dann denke ich nicht an Fingersatz und Anschlagstechnik. Nur an Gefühle. Meine Tastatur hat Tasten, weil ich taste. Suche, versuche. Ich spiele mit geschlossenen Augen und fühle mir einen Weg durch die Musik. Wenn du »Tastatur« sagst, dann meinst du Befehle, Programme, Null und Eins. Entweder-oder. Deine Tasten heißen »buttons«, weil man Knöpfe drücken kann, und dann sind sie an oder aus, Fenster sind auf oder zu. »Tastenbefehle« – was für ein brutales Wort. Der Befehl zum Tasten. Ob das wohl unser grundlegendes Problem ist? Dass wir unsere Ehe so unterschiedlich verstehen? »Du sollst lieben« – Gott, deinen Mann, wen auch immer – das hat mich schon immer gestört. Du fandest das eher »hilfreich«. »Du sollst ehren« – das geht vielleicht, wenn man so ehrwürdige Eltern hat wie du. Aber bei meinen? Wie soll ich denn auf Befehl fühlen? Selbst wenn

ich will, es geht nicht. Tastenbefehle funktionieren bei mir nicht. Systemausfall.
O Gott, ich fühl mich so verlassen. Wahrscheinlich habe ich gar kein Recht dazu. Alles dreht sich. In einem verzweifelten Versuch, einen Anker auszuwerfen, habe ich mir sogar einen Ratgeber gekauft, kommt morgen mit der Post – na ja. Und ich habe in unseren alten Sachen gekramt. Da habe ich die Kiste gefunden, die Tobias uns zur Hochzeit geschenkt hat, mit den »Briefen zum verflixten siebten Jahr« von allen Gästen. Als hätte er's gewusst. Ich weiß noch, dass ich das echt merkwürdig fand damals. Was für ein Vermächtnis!? Ich habe angefangen, sie aufzumachen. Die meisten sind ziemlich belanglose »Wir-wünschen-euch-alles-Gute-und-Geduld-auch-wenn-es-mal-schwer-ist«-Karten mit Blumen und Herzen drauf (warum schreiben so was immer die Frauen?). Aber manche sind richtige ausführliche Briefe – da hat er wohl Eindruck gemacht mit seinem Palliativ-Charme. Die Briefe sind ja an uns beide, und irgendwie sind sie auch gerade für so eine Situation wie jetzt – obwohl ich mir ein »verflixtes siebtes Jahr« immer anders vorgestellt hatte. Eher mit viel Streit und Stress und mit romantischer Versöhnung. Egal, jedenfalls sind die Briefe auch für dich, deshalb scanne ich sie dir so ein, wie ich sie lese, in zufälliger Reihenfolge, okay?
Das Gute daran, dass du nicht antwortest, ist natürlich, dass du auch nicht widersprichst. Und ich texte dich zu. Fast so eine Psychoanalyse-Situation: »Legen Sie sich hin, entspannen Sie sich und assoziieren Sie frei.« Wenn mir nicht so zum Heulen zumute wäre, fände ich es komisch, dass ich tatsächlich gerade auf unserem roten Sofa sitze … aber ganz ehrlich, Josch, ich finde es völlig okay, dass du deine Ruhe haben willst und nicht antworten wirst. Du hast das schon immer gekonnt: dich verkriechen, in dich gehen und nachdenken und dann mit einer glasklaren Entscheidung wieder aus deiner Höhle kommen. Mach das. Ich will dich

auch zu nichts überreden. Was immer daraus wird, wenn überhaupt etwas wird, dann müssen wir es beide wollen.
Quatsch – eigentlich will ich dich natürlich doch überreden, einfach wiederzukommen. Aber ich werde es nicht machen. Und es klappt ja eh nicht.
Ich versuch jetzt mal zu schlafen (Aussichten: düster). Im Anhang die ersten zwei Briefe, von deinem Onkel und deinen Eltern. Ausgerechnet – von dem schwarzen Schaf und den beiden weißen.
Maya

Liebe Maya, lieber Josch!
Zuerst einmal vielen Dank, dass ihr mich überhaupt zu eurer Hochzeit eingeladen habt. Das fanden bestimmt nicht alle so witzig. Aber wir hatten ja irgendwie schon immer einen guten Draht, Maya, ich tippe mal, du hast dich durchgesetzt (sorry, Josch). Jetzt sollte ich wohl eigentlich »Herzlichen Glückwunsch zur Hochzeit« schreiben. Aber euer Freund Tobias hat mich überzeugt, dass ich lieber ehrlich sein soll als höflich (der hat wirklich eine besondere Art!). Außerdem bin ich vielleicht ohnehin schon an meiner Säuferleber verreckt, wenn ihr das hier lest (wenn überhaupt), und einen simplen Glückwunsch würde mir wohl sowieso niemand abnehmen. Also was soll's.
Vor vier Jahren bin ich von meiner dritten Frau geschieden worden. Man kann also nicht sagen, dass ich es nicht versucht hätte. Ich habe sogar viel mehr Erfahrung in Ehedingen als die meisten, die nur eine einzige erlebt haben. Aber ein viertes Mal werde ich es nicht versuchen. Kann sein, dass ich nicht dafür gemacht bin. Zu kantig, zu genusssüchtig, zu unfreundlich (wenn ihr meine Ex-Frauen fragt, kriegt ihr eine ansehnliche Liste von noch viel deutlicheren Attributen!). Kann aber auch sein, dass die Ehe nicht für mich gemacht ist. Kann sein, dass sie überhaupt nicht mehr für diese Zeit ist. Als sie erfunden wurde, sind die Leute ja nur dreißig Jahre alt geworden. Die ersten fünfzehn waren die Jugend und die letzten fünf waren das hohe Alter. Bleiben zehn für Liebe und Kinder. Da passt eine Partnerschaft vielleicht gut rein. Aber heute passen zwischen Jugend und hohes Alter locker vier bis fünf solcher Leben. Das hält doch keiner mit ein und derselben Person aus, ohne irgendwann mit dem Lügen anzufangen! Manche nennen es »Kompromisse«.
Das soll jetzt nicht so klingen, als wäre ich gegen eure Partnerschaft oder als würde ich euch kein Glück wünschen. Das tue ich von Herzen! In meinen Ehen gab es auch sehr viel Gutes, viel Liebe, viel Wachstum, die Kinder! Aber all das ist nicht von Dauer (jedenfalls nach meiner Erfahrung). Ich versuche

jetzt, die Liebe so zu leben, wie sie kommt und geht. Sie nicht festzuhalten oder festzubinden. Das hätte ich viel früher tun sollen. Das ist nicht weniger schmerzhaft, aber ich finde, es ist ehrlicher.

Und das ist auch mein Wunsch für euch: dass ihr eure Liebe genießen könnt mit allem Drum und Dran, solange sie da ist. Und dass ihr sie ziehen lassen könnt, wenn sie geht. Tut euch nicht weh, indem ihr festhaltet. Man sollte von einem Pferd spätestens dann absteigen, wenn man merkt, dass es tot ist.

Alles Liebe!

Henrik

Liebe Maya, unser lieber Joschua,
heute, da wir diese Zeilen schreiben, heißen wir dich, liebe Maya, offiziell in unserer Familie willkommen, so wie du es ja schon lange warst. Aber noch viel wichtiger als das: Wir beten in der großen Familie der Gemeinde für euch und eure Ehe.
Euer lieber, armer Freund Tobias hat uns gebeten, euch einen Brief sozusagen in eure Zukunft zu schreiben. Eine Zukunft, die er selbst nach menschlichem Ermessen nicht mehr erleben wird (doch auch für ihn beten wir!), in der er euch aber doch auf diese Weise als Freund zur Seite stehen will, indem er stellvertretend die guten Ratschläge all eurer Lieben sammelt, damit ihr sie habt für schwerere Zeiten. Dazu wollen wir gern beitragen. Denn wir wissen es aus eigener Erfahrung, dass diese schweren Zeiten kommen werden. Es wird Prüfungen geben, Anfechtungen und Zweifel. Und da ist es gut, nicht allein zu sein, sondern andere Menschen zu haben, die für einen da sind mit guten Worten, guten Taten und mit Gebet. Solange wir leben, werden wir für euch da sein und für euch beten, da könnt ihr sicher sein!
Doch nun unser Rat für die schweren Zeiten: Haltet euch an Gott fest und an seinem Wort, haltet an eurer Ehe fest, haltet aneinander fest! Indem ihr euch vor Gott einander versprochen habt, hat auch Gott sein Versprechen für euch erneuert, dass euch beiden einzeln gilt, aber nun eben auch euch beiden zusammen: Er segnet euren Bund. Die Ehe ist nicht einfach eine Lebensform, die ihr gewählt habt, es ist die Lebensform, die Gott sich für Mann und Frau ausgedacht hat. Sie ist ein Teil seiner Weisheit und Wahrheit. Gott ist der Erfinder der Ehe.
Unser menschlicher Horizont ist begrenzt, wir werden hin und her geworfen in unseren Gefühlen, unser Wille ist schwach. Aber Gottes Kraft ist in den Schwachen mächtig. Wer sich an Gottes Wort und Willen hält, der wird die Dunkelheit überwinden. Deshalb haltet an dem fest, was euch

gegeben ist. Das Glück wird euer Lohn sein, wenn ihr nicht die Ehe auf eurem Glück baut, sondern das Glück auf der Ehe.
Die Ehe ist eine Gabe und eine Aufgabe. Ihr zwei füreinander seid Gabe und Aufgabe. Seid füreinander da als Mann und Frau, so wie Gott es sich gedacht hat, genießt die Zeiten der Gabe und erfüllt die Zeiten der Aufgabe.
Wir sind dankbar für so vieles, was Gott uns in und durch unsere Ehe geschenkt hat – nicht zuletzt die Kinder. Und wir haben unsere Aufgabe sicher nicht immer auf die beste Art und Weise erfüllt. Aber wir durften erleben, dass Gott an unserer Seite geblieben ist und uns geholfen hat, auch das Schwere zu tragen. Wir haben Krankheiten überstanden und halten den Zwist in der weiteren Familie aus. Wir glauben und haben gesehen, dass sich Dinge wieder zum Guten wenden können. Wir haben gelernt, die Hoffnung nicht aufzugeben. Unser Rat für euch ist derselbe. Ihr seid heute in einen Bund der Liebe und der Hoffnung eingetreten – haltet daran fest!
Wir wünschen euch Gottes reichen Segen!
Eure Eltern und Schwiegereltern
Klaus und Hanne

Teil 1

EINE KURZE GESCHICHTE DER EHE

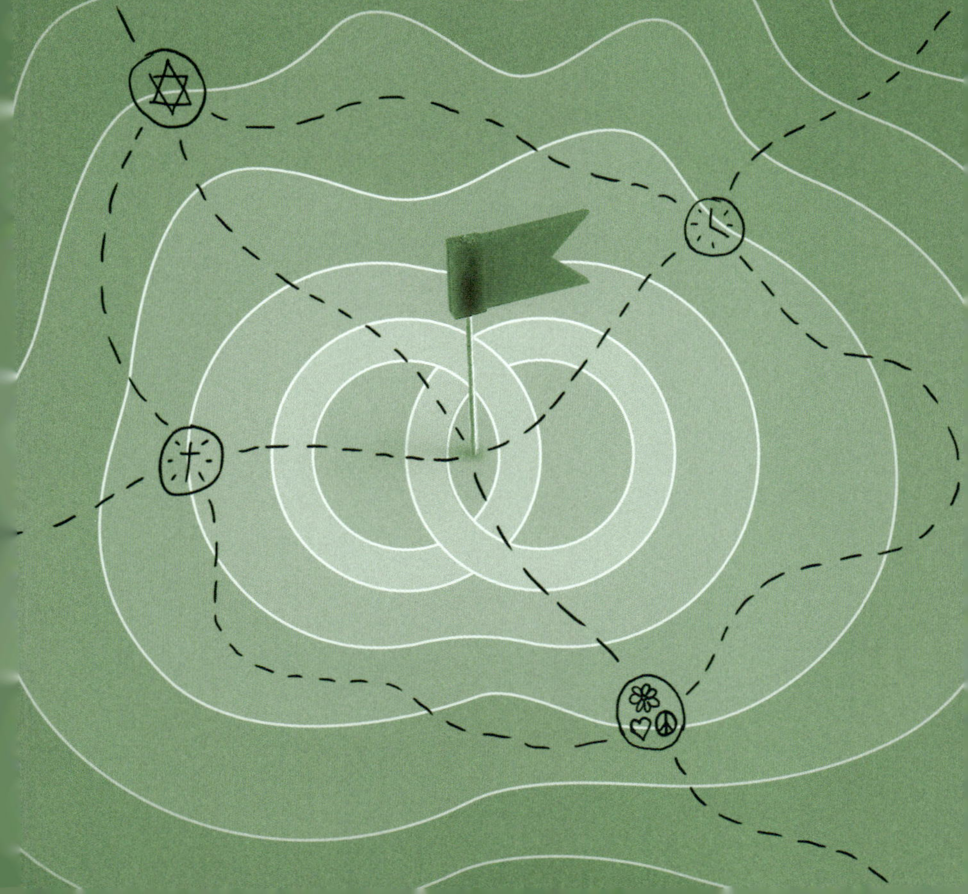

»Geschichte kann ich nicht leiden [...]. Die machen ihr Ding und ich mach mein Ding. Diese komischen Römer und so«, lautet das Votum einer anonymen Internet-Berühmtheit.[6]

Wenn es Ihnen ähnlich geht, könnte das nächste Kapitel für Sie eine Herausforderung werden, denn es erwartet Sie ein knapper Überblick über die Geschichte der Ehe. Vielleicht gehören Sie ja aber auch zu denjenigen, die Geschichte schon in der Schule mochten. Wie dem auch sei: Dieses Kapitel hält viel Wichtiges bereit. Es ist nämlich keineswegs so, dass wir einfach nur »unser Ding machen«. Wir machen gewissermaßen das Ding der Römer weiter, auf unsere Art.

Die Ehe versteht sich am besten im doppelten Wortsinn der »Geschichte«: als ein Phänomen, das viele Schichten hat, auch historische, und als Geschehen, das am besten in Geschichten zu verstehen ist. Was wir heute erleben, die Errungenschaften und Probleme, die mit der Ehe einhergehen, unsere eigenen Ehegeschichten, beruhen auf den Geschichten, die Millionen von Frauen und Männern erlebt und gestaltet haben. Es ist das Ergebnis von Überlebenskämpfen, sozialen Verschiebungen, religiösen Entwicklungen, Machtdemonstrationen und Befreiungsbewegungen. Die Ehe hat sich gewandelt, von den Partnerschaften der ersten Menschen bis zu den gesetzlichen Regelungen von heute. Und sie wird sich auch zukünftig weiterwandeln. Unsere eigenen Geschichten tragen ein Körnchen dazu bei und bestimmen die Richtung mit.

Der Durchgang durch die Epochen wird zeigen: Die Ehe ist nicht von sich aus gut. Sie kann, wie so vieles, auch zum Schlechten missbraucht werden. Damit wir unser Ding gut machen, brauchen wir ein Bewusstsein dieser verschiedenen Eheschichten. Meine Hoffnung ist, dass sich auf dieser historischen Reise ein Gefühl für den guten Kern der Ehe entwickelt.

Ehevolution?

Die biblischen Geschichten von Adam und Eva, dem Baum der Erkenntnis und der Vertreibung aus dem Paradies enthalten tiefe Weisheit – etwa, indem sie die Menschen als beseelte Wesen beschreiben, die von Anfang an sowohl auf dem Boden der Tatsachen leben als auch mit dem göttlichen Schöpfer verbunden sind. Die biblischen Berichte sind grundlegende Welterklärungen – sie sind keine historischen oder naturwissenschaftlichen Dokumente. Wann und wie genau die Menschheit das Licht des Bewusstseins erblickte, steht in den Sternen. Womöglich waren es wirklich die Sterne, die vor grob geschätzten 70 000 Jahren eine Rolle spielten: Das erste Wesen, das man als »Menschenkind« bezeichnen könnte, sitzt vielleicht mit seiner Mutter am Feuer und folgt dem Flug der Funken mit seinen Blicken. Die Funken vermischen sich mit ihren himmlischen Geschwistern, den Sternen. Sie scheinen zu verlöschen und zugleich wie ewige Lichter am Himmel stehen zu bleiben. Das kleine Menschenkind empfindet so etwas wie ehrfürchtiges Staunen und fragt sich in den Worten der einfachen Sprache, die seine Sippe schon beherrscht: »Was bedeutet das?« Vielleicht war es diese allererste Frage nach dem Sinn, die der Menschheit die Tür geöffnet hat zur großen menschlichen Frage des »Warum und Wozu« und zur Suche nach dem Heiligen – der Anfang einer jeden Religion.

Die andere große Frage, die die Menschheit auszeichnet, ist älter: »Wie lässt sich dieses Problem lösen?« Die menschliche Fähigkeit, diese Frage zu beantworten, hat zur Erfindung vieler Werkzeuge geführt, später zur Entwicklung des Ackerbaus, der Erfindung des Rades und – erdgeschichtlich nur wenig später – zur Präsentation des iPhone 12. Und eben zur Beherrschung des Feuers. Ohne diese Fähigkeit hätte unser kleines Menschenkind also gar nicht am Feuer sitzen können, um sich die erste Frage nach dem Sinn des Lebens zu stellen. Beide Eigenschaften zusammen, die gestaltende Vernunft und der suchende Geist, machen den Menschen aus.[7]

Wir wissen sehr wenig über genaue Zeiten und Orte dieser Menschwerdung, wir kennen die großen Erfinderinnen und Entdecker nicht mit Namen, denen wir das Feuer, das Messer und die Frage nach Gott zu verdanken haben. All das ist herrlich spannende Spekulation. Was wir allerdings mit Sicherheit sagen können ist, dass die Eltern unseres fiktiven Menschenkindes weder standesamtlich noch kirchlich geheiratet hatten. Das erste Menschenkind war unehelich.

Es gibt viele Theorien dazu, wie das Zusammenleben von Männern, Frauen und Kindern in diesen frühen Tagen der Menschheit ausgesehen haben mag. Die Theorien gründen sich auf zwei sehr unterschiedliche Fundamente: zum einen auf archäologische Funde, ethnologische Forschung und Beobachtungen im Tierreich, also auf relativ belastbare Fakten, zum anderen auf den Blickwinkel, Ideologien und Interessen der Forschenden. Das ist oft weniger belastbar. Anders geht es aber nicht.

Diese Mischung aus Fakten und Interessen führt zu unterschiedlichen Theorien, z. B. je nachdem, wo sich die Forschenden auf dem feministischen Spektrum gerade befinden. Die einen, eher testosteroninteressiert, orientieren sich etwa an Gorilla-Familien und stellen sich einen menschlichen Silberrücken vor, der ein Harem von Frauen beschützt und beherrscht, während die Frauen sich um die Aufzucht der Kinder kümmern.[8] Die anderen, eher testosteronkritisch, sehen die Clan-Mutter als Zentrum, während die Männer eher versorgende und samenspendende Randfiguren sind.[9] Ziemlich sicher scheint, dass die frühen Menschen in Sippen zusammengelebt haben, eine Vater-Mutter-Kind-Konstellation unserer Tage wäre überhaupt nicht überlebensfähig gewesen. In diesen Sippen waren Verbindungen zwischen einem Mann und mehreren Frauen und/oder einer Frau und mehreren Männern das Normale. Und auch das Sinnvollste. Denn es ging bei diesen Verbindungen nicht in erster Linie um die romantische Liebe zweier verwandter Seelen, sondern um den Erhalt der Sippe, um die beste Arbeitsteilung, die beste Ernährung, den besten Schutz.[10]

Besonders spannend für unsere Suche nach dem guten Kern der Ehe sind die Formen solcher Sippengesellschaften, die sich bis heute erhalten haben. Sie geben uns am ehesten ein Gefühl von der Realität dieser Lebensformen. Und sie zeigen, dass auch die alten Schichten der Ehe-Geschichte keineswegs totes Sediment sind. Im Nordwesten Chinas z. B. gibt es einen Volksstamm, in dem Clan-Mütter im Zentrum das Geschick der Familie lenken und die Idee von Mann-Frau-Partnerschaften eine ganz andere ist: Zu seinem dreizehnten Geburtstag bekommt jedes Mädchen den Schlüssel zu einem eigenen Zimmer, in das es einen Mann hineinlassen kann, der von einer anderen Familie zu Besuch kommt. Macht sie dreimal in Folge die Tür nicht auf, gilt die Beziehung als beendet. Männer haben kein eigenes Zimmer. Sie kümmern sich auch nicht um ihre eigenen Kinder, sondern um die Kinder ihrer Schwestern in ihrer eigenen Familie.[11] Niemand in diesen Familien regt sich über diese Rollenverteilungen auf, denn sie funktioniert gut. Allerdings sind solche Gesellschaften die Ausnahme. Die Ehe eines Mannes mit mehreren Frauen hingegen ist heute in weiten Teilen Afrikas und Asiens verbreitet.[12] Auch das funktioniert, allerdings regen sich immer mehr Menschen darüber auf. Zu Traditionen, die solche Systeme erhalten, kommen wie später noch. Die Polyandrie, also die Ehe einer Frau mit mehreren Männern, ist deutlich weniger häufig, kommt aber auch vor.[13]

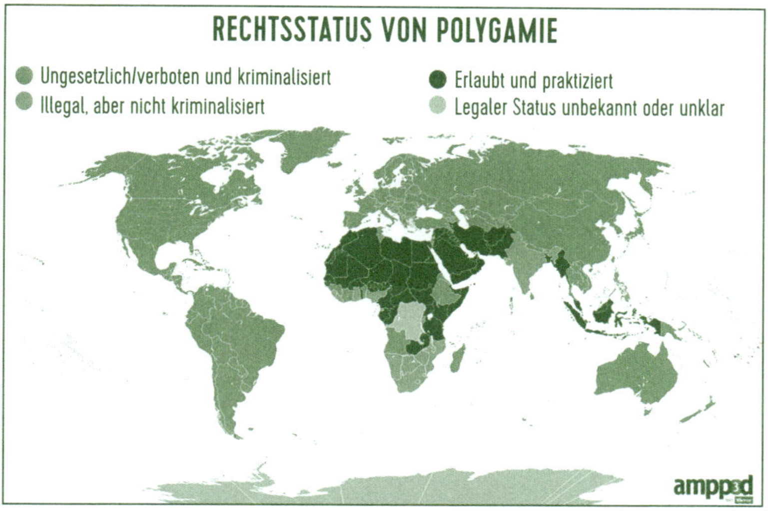

Rechtsstatus von Polygamie (Polygynie), Datenquelle: fowid.[14]

Wie auch immer die Familie unseres ersten Menschenkindes ausgesehen haben mag, sie war auf jeden Fall deutlich anders als die westeuropäische Durchschnittsfamilie. Es war eine Gruppe von Menschen, die abhängig war vom Zusammenhalt und von einer klaren sozialen Struktur. Ehe im heutigen Sinn gab es nicht, wohl aber Regeln, die Sexualität, Besitz und Macht über andere steuerten. Es gab Grenzen zwischen denen, die zur Sippe gehörten, und denen, die nicht dazugehörten. Und unabhängig davon, ob Ihnen der Silberrücken oder der Mutter-Clan sympathischer sind, fremd wäre Ihnen die Vorstellung eines solchen Lebens wahrscheinlich in jedem Fall – oder wären Sie ohne Weiteres damit einverstanden, tagtäglich in einer großen Gruppe von Menschen zusammenzuleben, in der Ihr Vater oder Ihre Schwiegermutter darüber bestimmen, wer ein und aus geht und wer mit wem zusammen sein darf? Die meisten meiner Bekannten sind schon von einem langen Wochenende in der Großfamilie überfordert.

Aus den Wurzeln der Menschheit ist, über lange Um- und Abwege, unser heutiges Eheverständnis hervorgegangen. Wenn sich schon in diesen Anfängen ein Beitrag zum guten Kern der Ehe finden lässt, dann wohl dieser: Es gibt viele Formen, aber keine ohne Regeln. Die Regeln des Zusammenlebens sollen dem Wohl der Gemeinschaft dienen. Gut ist, wovon alle Beteiligten profitieren.

Mann. Macht. Ehe: die patriarchalische Wende in vor-biblischer Zeit

Wann genau der erste Krieg losbrach, weiß niemand. Ob schon die ersten wandernden Menschengruppen kriegerisch waren, oder ob erst die Entdeckung der Landwirtschaft ihn hervorgebracht hat, ist nicht bekannt. Auf jeden Fall wurde es den einst nomadischen Menschen erst mit der Entwicklung des Ackerbaus möglich, mehr zu besitzen, als sie tragen konnten.[15] Der Besitz von Land wurde zu einem wichtigen Faktor, und damit auch das Vererben von Land sowie die Ehe als Vertrag. Wem gehört der Acker, der die Familie ernährt? Wo verläuft seine Grenze? Erst durch die Landwirtschaft wurde es üblich, Land zu erobern und zu verteidigen, im Kleinen wie im Großen. Über das Land wurde es möglich, Macht zu verfestigen. Fürsten, Herrscher, Könige setzten sich an die Spitze von Macht-Pyramiden, versuchten diese Macht auszubauen, zu verteidigen und weiterzugeben. Der Krieg ist männlich.[16]

Aus der Zusammenarbeit von Jägern und Sammlerinnen wurde eine Gesellschaft von Herrschern und Dienerinnen – und Soldaten. Es ist auffällig, dass die ersten Dokumente, die Ehegesetze beinhalten, aus einer Zeit stammen, in der sich große Männer mithilfe großer Heerzüge an die Spitze großer Reiche gesetzt haben. Der Codex Hammurabi (etwa 1800 v. Chr. in Babylon) ist ein Beispiel für diese männliche Dominanz in antiken Kulturen: Die Ehe wurde zwischen dem Bräutigam und dem Vater (oder Bruder) der Braut ausgehandelt. Die Frau wurde nicht gefragt.[17] Sie war Teil der Verhandlungsmasse. Und bei den Verhandlungen ging es – zumindest bei den Mächtigen – weniger darum, welche Frau man bekam, sondern vielmehr welchen Schwiegervater, welchen Schwiegersohn, welchen Zugang zu Land und Macht. Das Erbe nämlich war ebenso männlich wie der Krieg. Das erklärt auch die kalte Logik der Gesetze zum Ehebruch: Ein Mann muss wissen, wer sein eigener Sohn ist, damit die Erbfrage eindeutig ist. Eine Frau, die mit einem anderen Mann schläft, durchbricht diese Linie. Deshalb wird die Frau zum Tode verurteilt, während die Strafe für den beteiligten Mann weitaus milder ist. Als geschädigte Person bei einer Vergewaltigung wird nicht etwa die vergewaltigte Frau angesehen, sondern der Mann, dessen Besitz sie ist. An ihn muss der Vergewaltiger einen Schadensersatz zahlen.[18]

All das klingt wie uralter Unsinn. Undenkbar, dass heute ein Autohändler in Böblingen zu seiner Tochter sagt: »Herzchen, du heiratest nächste Woche den Sascha. Du weißt doch, den Sohn vom VW-Meyer. Der hat mir die Hälfte seines Bestands an gebrauchten Nutzfahrzeugen angeboten. Das ist ein super Deal. Ich bin echt stolz auf dich!«

Leider ist es aber kein uralter Unsinn, sondern uraltes Unrecht, das seine verheerenden Spuren durch die Geschichte gezogen hat und bis heute wirksam ist. Dass die Ehe (in der Theorie) ein Schutzraum für die Frau sein sollte, ist dabei ja zunächst kein schlechter Gedanke. Und auch, dass nicht nur sie, sondern auch ihre Familie Schaden davonträgt, wenn ihr etwas angetan wird, ist nicht falsch – wenn mir heute jemand auf den Kopf haut, schadet er damit auch meiner Familie. Das Unrecht besteht in der Behandlung der Frau als Objekt, das man (Mann) besitzen kann. Die Idee, dass Frauen und Männer zwar unterschiedliche Körper, aber den gleichen Wert und die gleichen Rechte haben, ist so neu (oder war so lange vergessen), dass es im Verhältnis zu den Jahrtausenden der Menschheitsgeschichte wie ein Einatmen wirkt. Das alte Unrecht ist noch heute allzu lebendig. Das Ausatmen hat gerade erst begonnen.

DAS ALTE UNRECHT IST NOCH HEUTE ALLZU LEBENDIG. DAS AUSATMEN HAT GERADE ERST BEGONNEN.

Zwei sehr unterschiedliche Beispiele aus unserer Zeit:

- Die oben erwähnte Verbreitung der Polygamie ist nicht nur ein Hinweis darauf, dass unsere westeuropäische Kultur nicht die einzig denkbare ist und dass Ehe und Familie viele Formen haben kann.[19] In manchen Kulturen ist die Verheiratung der Töchter noch immer ein Handel des Vaters mit dem Bräutigam, und es hat sich eine grausame Tradition herausgebildet, die die Unberührtheit der Ware »Tochter« sichern soll und zugleich die Entwürdigung der Frau auf unvergleichliche Weise symbolisiert: die weibliche Genitalverstümmelung. Waris Dirie beschreibt das eindringlich in ihrem biografischen Roman »Wüstenblume«[20]: Kleinen Mädchen, spätestens vor der Pubertät, werden die äußeren Geschlechtsorgane abgeschnitten und zugenäht, damit sie dem künftigen Mann garantiert als »Neuware« übergeben werden können. Das ist kein Einzelschicksal, sondern betrifft heute etwa 125 Millionen Frauen, Tausende auch in Deutschland.[21] Besonders perfide ist, dass sich die Fügsamkeit der Frau in diesem Ritual so weit mit der Kultur verwoben hat, dass sie unreflektiert weitergegeben wird: Das Ritual wird von Frauen ausgeführt. Beschnittene Mütter liefern ihre Töchter aus im Glauben, etwas Gutes zu tun.[22] Ein lebendes Relikt des alten Unrechts. Eines von vielen.

- Das zweite Beispiel ist viel harmloser: Mein Schwiegervater ist ein freundlicher und vernünftiger Mann. Vor mehr als 25 Jahren regte sich bei ihm aber ein Missmut, weil ich nicht um die Hand seiner Tochter angehalten hatte. Er wurde auch nicht gebeten, sie in der Kirche zum Altar zu führen, um sie dort an mich zu übergeben. Das kam auch nicht so gut an (war dann aber schnell vergessen). Diese Tradition, durch amerikanische Filme nach Europa re-importiert, ist ein unreflektiertes Überbleibsel des männlichen Besitzanspruches über die Frau. Kaum jemand der Beteiligten würde sich hinter einen solchen Anspruch stellen, auch mein Schwiegervater nicht. Gemacht wird es trotzdem. Und es hat zumindest eine symbolische Wirkung. Bei allen biologischen Unterschieden zwischen Mann und Frau: Hier werden soziale Rollen geprägt und Erwartungen an sich selbst und andere geformt, ganz nebenbei beim Fernsehen.

Ich denke an meine Töchter und an meinen Sohn. Es kann mir nicht egal sein, mit welchen Ideen sie aufwachsen. Auf der Suche nach dem guten Kern der Ehe wird mir klar: Das patriarchalische Erbe gehört auf jeden Fall nicht dazu. Aber es ist ein Teil der Geschichte der Ehe. Diese Geschichte zu leugnen, wäre ähnlich unverantwortlich, wie die Beteiligung der Kirche an den Kreuzzügen, die Beiträge Luthers zu den Bauernkriegen oder die Verantwortung Deutschlands am Holocaust zu leugnen. Zugleich ist die Ehe nicht mit dem Patriarchat gleichzusetzen, so wenig wie die Kirche mit den Kreuzzügen oder Deutschland mit dem Holocaust. Ein vorweggenommener Trost angesichts der grausamen Geschichte ist, dass es auch unter widrigen rechtlichen Bedingungen immer die Liebe gegeben hat. Sie ist keine Erfindung der Epoche der Romantik, sondern Teil des Alltags von Abermillionen Männern und Frauen durch die Geschichte hindurch. Am Feuer der ersten Menschen hat es ebenso Liebe gegeben wie in den Häusern des antiken Babylons.

Die Liebe mit ihrer eigentümlichen Mischung aus Sehnsucht, Anziehung, Verbundenheit und Hingabe sitzt den Menschen tief in den Genen, durchdringt Herz und Hirn.[23] Der Drang nach Gerechtigkeit zwischen den Geschlechtern sitzt anscheinend weniger tief. Aber die Gerechtigkeit macht einen großen Teil des guten Kerns der Ehe aus, nach dem wir suchen – das wird spürbar, wenn man sich die Rechtsprechung aus Zeiten anschaut, in denen sie fehlte.

Frauen, Nebenfrauen und anderer Besitz: das Alte Testament

Die Schriften des Alten Testaments sind voll von patriarchalischen Gedanken, von einer Kultur, die westeuropäischen Menschen heute vollständig fremd ist. Viele der Gebräuche und Regelungen zur Ehe, die in den Erzählungen und Gesetzestexten dieser alten Schriften auftauchen, wären heute in Deutschland illegal. Und auch der bibelbuchstabentreueste, tieferzkonservativste Christ würde sie nicht ohne eine ganze Reihe von relativierenden Vorerklärungen unterschreiben. Zwei Beispiele:

- »Als nun Lea sah, dass sie aufgehört hatte zu gebären, nahm sie ihre Magd Silpa und gab sie Jakob zur Frau. Und Silpa,

Leas Magd, gebar Jakob einen Sohn« (1. Mose 30,9-10). Dieser Satz über eine unfreiwillige alttestamentliche Leihmutter steht in der Geschichte um Jakobs Familiengründung (vgl. 1. Mose 29–30). Aus heutiger Sicht ist diese Geschichte eine Aneinanderreihung von Gesetzes- und Tabubrüchen, in der damaligen Kultur völlig normal: Jakob wollte heiraten und diente sieben Jahre bei seinem Onkel, damit der ihm seine Tochter Rahel (also Jakobs Cousine) zur Frau gab. Der Onkel aber mogelte ihm die ältere Tochter Lea unter. Jakob beschwerte sich zunächst, fügte sich dann aber und diente noch einmal sieben Jahre, um die richtige Frau zu bekommen. Anschließend gab es ein eifersüchtiges Ringen um den Platz an Jakobs Seite, den die beiden Frauen mithilfe ihrer eigenen Gebärmütter austrugen, wobei sie auch ihre jeweiligen Mägde als »eigene Gebärmutter« verwendeten. Jakob hatte also zwei Frauen und zwei Nebenfrauen, die ihm gemeinsam eine Reihe von Kindern schenkten. Die Söhne wurden später die Stammväter Israels. Würden Sie bei so etwas mitmachen – als Mann, als Frau, als Magd?

- »Wenn jemand eine Jungfrau trifft, die nicht verlobt ist, und ergreift sie und schläft bei ihr und wird dabei betroffen, so soll der, der bei ihr geschlafen hat, ihrem Vater fünfzig Silberstücke geben und soll sie zur Frau haben, weil er ihr Gewalt angetan hat; er darf sie nicht entlassen sein Leben lang« (5. Mose 22,28-29). Was würden Sie dazu sagen: Ihre Tochter wird vergewaltigt, der Vergewaltiger wird gefasst und angeklagt. Das Gericht entscheidet, dass der Vergewaltiger dem Vater eine Geldstrafe zahlen muss und dass Ihre Tochter mit diesem Mann verheiratet wird, Scheidung ausgeschlossen. Einverstanden?

Solche Beispiele sind schmerzhaft für Menschen, für die die Bibel eine heilige Schrift ist, in der sie die Stimme Gottes finden. Ich habe oft erlebt, dass der Dialog an dieser Stelle abgebrochen ist. Die eine Seite versucht zu belegen, dass die Bibel höchstens als historische Quelle taugt, vor allem als Beleg für die frauenverachtenden Wurzeln des Christentums, während die andere Seite die Heiligkeit und in manchen extremen Fällen auch die Unfehlbarkeit der Schrift verteidigen will. Das führt natürlich keinen Schritt weiter, es verfestigt im Gegenteil gegenseitige Vorurteile und begünstigt Extremismus.[24]

Wer versucht, die Ehevorstellungen des Alten Testaments als göttliche Norm für das heutige Miteinander von Mann und Frau zu verwenden, läuft Gefahr, antikes Unrecht zu verlängern. Das wäre so ähnlich, wie über die göttlichen Ideen für eine gute Sklaverei zu verhandeln, weil die Sklaverei in Zeiten des Alten Testaments gang und gäbe war. Und wer die Schriften des Alten Testaments lediglich als historische Quellensammlung einer längst überholten Kultur verwendet, versäumt eine Chance, nämlich die Spuren Gottes auf seinem Weg mit den Menschen zu entdecken und die Wege der Menschen auf ihrer Suche nach Gott nachzuvollziehen und sie für die eigene Suche zu nutzen. Das wäre so ähnlich wie nicht zuzuhören, wenn eine Zeitreisende von ihren Erlebnissen, Gefühlen und Gedanken berichtet. So als gäbe es in ihrer Zeit keine Liebe, keine Zweifel, keine Konflikte, keinen Glauben, keine Gotteserfahrungen, nichts, was für uns relevant wäre. Und als gäbe es nicht einmal die Möglichkeit eines göttlichen Geheimnisses, das zwischen den Zeilen der historischen Texte auf die Suchenden wartet.

Viel hilfreicher ist eine doppelte Anerkennung: Die Schriften des Alten Testaments stehen ohne Zweifel im Erbe einer patriarchalischen Kultur, in denen Frauen systematisch Unrecht angetan wurde. Und: Es lässt sich die Stimme Gottes in diesen Schriften finden. Nach dem, was wir heute von Gott und der Welt glauben, findet sich diese Stimme allerdings nicht in den harten Gesetzestexten, sondern in den weichen Linien der Veränderung. Wer die Aussagen zur Ehe im Alten Testament mit Wohlwollen liest, findet darin erste Spuren eines anderen Umgangs zwischen Mann und Frau als den, der damals üblich war. Die Aussage im ersten Schöpfungsbericht, dass »Gott […] den Menschen zu seinem Bilde […] als Mann und Frau« schuf (1, Mose 1,27), lässt sich gut lesen als eine sich ergänzende Gleichwertigkeit der verschiedenen Geschlechter[25] – ein poetischer Protest gegen das damals übliche Rollenverständnis. In den prophetischen Schriften taucht die liebevolle Verbindung der Treue zwischen Mann und Frau als Bild für die Verbindung Gottes mit seinem Volk auf: Die Ehe wird hier nicht mehr nur als Zweckverbindung zwischen Großfamilien gesehen, sondern als individuelle Beziehung[26] – ein geradezu moderner Gedanke. Und selbst in den ansonsten sehr patriarchalischen Gesetzen um Ehe, Ehebruch, Ehescheidung und Vergewaltigung im 5. Buch Mose werden der männlichen Willkür Grenzen gesetzt und die Vergewaltigung einer schutzlosen Frau, deren Hilferufe niemand gehört hat, unter schwere Strafe gestellt (vgl. 5. Mose 22,13-26) – ein guter Anfang.

Auf der Suche nach dem guten Kern der Ehe finden sich auch im Alten Testament Spuren. Neben der alten, patriarchalischen Kultur mit ihrem kriegerischen Gottesbild können wir weiche Linien entdecken: Gottes Hinwendung zu den Unterdrückten, die Befreiung aus der Sklaverei, seine Stimme nicht im Sturm, sondern im sanften Wind (vgl. 1. Könige 19), die Treue und Liebe zu seinen Leuten, die verglichen wird mit der Liebe zwischen Mann und Frau: »Ich will dich mir verloben auf ewig, ich will dich mir verloben in Gerechtigkeit und Recht, in Gnade und Barmherzigkeit. Ich will dich mir verloben in Treue, und du wirst den HERRN erkennen« (Hosea 2,21-22).

Die Römer machen ihr Ding, Jesus macht sein Ding

Es ist schon seltsam, dass die Fäden der christlichen Ehetheologie ausgerechnet bei zwei nicht verheirateten Männern zusammenlaufen: Jesus und Paulus. Es wäre doch hilfreich gewesen, auch die Zeugnisse der unterschiedlichen Marias, Elisabeths oder der Schwiegermutter des Petrus zur Verfügung zu haben. Das war aber in der damaligen Zeit nicht vorgesehen. Durch die Jahrhunderte hindurch haben Theologen versucht, aus den von Jesus überlieferten Worten und Taten und aus den Briefen des Paulus auch eine Lehre der rechten Ehe abzuleiten. Dabei standen sie mit ihren Theologien ebenso fest in ihrer jeweiligen Zeit und Kultur wie die Autoren des Alten Testaments. Und wie Jesus und Paulus. Und wie ich. Man kann nicht keine Kultur haben.

Das Material, das Jesus, Paulus und die Autoren der Evangelien und späteren Briefe zur Ehe hinterlassen haben, ist allerdings relativ dünn. Aber doch hochinteressant für die Suche nach dem guten Kern. Die vorherrschende Kultur ist eine geradlinige Verlängerung dessen, was wir in der Antike und im Alten Testament finden, allerdings wird inzwischen die Monogamie eindeutig bevorzugt. Außerdem ist sie noch gewürzt mit den Sitten der Herrschenden, der Römer. Auch wenn die Römer als Weltmacht und Besatzer in Israel bis heute nicht nur einen guten Ruf haben, so ist ihr Einfluss vielleicht doch mit dem zu vergleichen, den die USA auf die europäische Kultur von heute haben – die Klischees in Hollywood-Filmen werden belächelt, aber Blockbuster sind es trotzdem. So sind auch die Schriften des Neuen Testaments kulturell geprägt: Jesus und Paulus sehr stark jüdisch, die späteren Schriften auch römisch.

Im alten Rom war die Ehe eine rein gesellschaftliche Angelegenheit, und auch die ersten Gemeinden kannten keine eigene Ehezeremonie. Verheiratet war, wer nach dem geltenden Recht und den geltenden Sitten verheiratet war.[27] Das Konzept des *pater familias* (Familienoberhaupt), der über das Schicksal aller Hausbewohner entschied, war dabei vorherrschend, aber es gab auch andere Ehe- und Beziehungsformen, in denen die Freiheiten und Rechte der Beteiligten anders gelagert waren. Gerade im gemeinen Volk, quasi unter dem Radar der Obrigkeit, gab es auch eheähnliche Verbindungen, die von beiden Seiten freiwillig eingegangen wurden.[28]

Im Neuen Testament finden sich einige sehr deutliche Aussagen zur Ehe. Jesus sagte zu Ehebruch und Ehescheidung:

> Ihr habt gehört, dass gesagt ist [...]: »Du sollst nicht ehebrechen.« Ich aber sage euch: Wer eine Frau ansieht, sie zu begehren, der hat schon mit ihr die Ehe gebrochen in seinem Herzen. [...] Es ist auch gesagt [...]: »Wer sich von seiner Frau scheidet, der soll ihr einen Scheidebrief geben.« Ich aber sage euch: Wer sich von seiner Frau scheidet, es sei denn wegen Unzucht, der macht, dass sie die Ehe bricht; und wer eine Geschiedene heiratet, der bricht die Ehe.
>
> *Matthäus 5,27-28.31-32*

Auch Paulus nahm mehrfach Stellung zur Ehe: Die Ehe zwischen Christen und Nichtchristen sei im Grunde in Ordnung, aber wenn sie nicht funktioniere, dann sei eine Trennung auch okay (vgl. 1. Korinther 7,12-15). Und im Neuen Testament finden wir im Epheserbrief, das ist besonders interessant, eine Art christlich entschärftes Patriarchat: Wie selbstverständlich ist hier von der Unterordnung der Frau unter den Mann die Rede, später auch von den Sklaven, die ihren irdischen Herren gehorchen sollen (vgl. Epheser 5,23-33.6,5-8). Das war die herrschende Kultur. Die entscheidende Erweiterung war die Liebe nach dem Vorbild Jesu: Männer, liebt eure Frauen wie euch selbst, gebt euch hin wie Christus sich hingegeben hat. Reizt eure Kinder nicht zum Zorn. Ein ganz neuer Ton – die Stimme Gottes?

Fast noch interessanter als das, was im Neuen Testament zur Ehe gesagt wird, ist aber, wie wenig gesagt wird. Weder Jesus noch Paulus schienen sonderlich engagiert an dieser Stelle. Sie hatten Wichtigeres im Blick: die Botschaft vom nahenden Gott. Jesus äußerte sich durchaus kritisch zur Idee der Familie: »Wenn jemand zu mir kommt und hasst nicht seinen Vater, Mutter, Frau, Kinder, Brüder, Schwestern, dazu auch sein eigenes Leben, der kann nicht mein Jünger sein« (Lukas 14,26). Paulus fand Ehelosigkeit besser als Ehe, gestand sie aber den Schwachen zu. Ehe war für ihn die zweitbeste Lösung der Triebfrage nach dem Zölibat (vgl. 1. Korinther 7,1-9). Das alles, weil das Evangelium erste Priorität für Jesus und Paulus hatte. Mit den Regeln und Gesetzen zur Ehe scheint es sich für Jesus ebenso zu verhalten wie mit den Regeln und Gesetzen zum Schabbat oder zu den Steuern: Die Regeln sind für den Menschen da, nicht der Mensch für die Regeln (vgl. Markus 2, 23-28), und man soll dem Staat lassen, was zum Staat gehört, Gott aber, was zu Gott gehört (vgl. Markus 12,17). Übertragen auf die Ehe, damals wie heute, heißt das: Die Regelungen zur Ehe sollen den Menschen dienen, und innerhalb des geltenden Rechts kommt es darauf an, wie sich Gottes Anspruch auf das Herz des Menschen in der Ehe verwirklichen lässt.

Das ist ein entscheidender Fund auf der Suche nach dem guten Kern der Ehe: Die äußere Form ist wandelbar und verändert sich mit Kultur und Geschichte. Im Kern aber ist Platz für die Frage nach Gottes Liebe zu den Menschen und für die Suche nach der besten Art, diese Liebe zwischen den Ehepartnern zu verwirklichen. Der christliche Glaube sieht Jesus als die Verwirklichung dieser Liebe, unabhängig von Ehe und Kultur. Daraus ist im Christentum die Idee gewachsen, dass der heilige Kern der Ehe eine dreifache Verbindung ist: die menschliche Verbindung zwischen zweien, die sich lieben, bilden die eine Seite des Dreiecks. Die anderen beiden Seiten sind die Verbindungen der Einzelnen zu Gott.

Ein Ring, sie alle zu knechten? Oder doch ein Sakrament? Ehe im Mittelalter

Das Mittelalter umfasst eine fast unüberschaubar lange Zeit voller großer gesellschaftlicher und politischer Umwälzungen. Ebenso unübersichtlich sind die Formen der Ehe und ihre Entwicklungen. Es gab Kaufehen und Raubehen, Muntehen und Friedelehen. Es gab die freizügige Sexualität der Bevölkerung und die kirchliche Lehre der sündhaften körperlichen Triebe, die es durch die Ehe im Bann zu halten galt.[29] Es gab die alte germanische Sitte der Ehestiftung durch Geschlechtsverkehr (Kopula-Theorie) und die neue christliche Vorstellung der Ehe als Übereinkunft (Konsens-Theorie).[30] All dies bestand nebeneinander und in Mischformen.

Seit dem 3. und 4. Jahrhundert nach Christus wurde der kirchliche Segen nach und nach Teil der Eheschließung, die ursprünglich außerhalb der Kirche den geltenden Sitten und Rechten folgte. Erst nach und nach entwickelte die Alte Kirche eine eigene Ehelehre. In dieser Entwicklung wirkten viele verschiedene Kräfte. Das Streben der Kirche nach Einfluss auf die Gesellschaft ist eine Seite dieser Geschichte. In der Zeit vor 500 n. Chr., kurz vor dem Beginn des Mittelalters, begann das unheilige Verhältnis der Kirche zur Macht. Dabei ist es wichtig, zu verstehen, dass ja niemals »die Kirche« an sich machtverliebt war. Es waren die Menschen, die die Kirche bildeten. In diesem Fall mächtige Männer, Bischöfe und Päpste, oft aus einflussreichen Familien, die ihre Macht ausweiten oder verteidigen wollten – z. B. indem sie bestimmte eheliche Verbindungen verhinderten oder beförderten, um etwa Zugang zu Land und Arbeitskraft, Bodenschätzen oder Marktrechten zu erhalten. Eine Lehre, die Ehen nur dann für gültig erklärte, wenn sie von einem Geistlichen geschlossen wurden, kam diesen Männern gerade recht.[31] Im Mittelalter, als die Macht der Kirche in voller Blüte stand, war auch die Ehe eines ihrer Machtinstrumente. Und weil die kirchlichen Gesetze zur Ehe so tief in das persönliche Leben der Menschen eingriffen, war die Ehe ein mächtiges Mittel der Kontrolle.

Aber nicht immer stammte dieser Wunsch nach Einfluss aus einer Gier nach Macht. Es gab auch immer Menschen, die auf der Suche nach dem Guten, nach der Wahrheit waren. Die versuchten, etwas zu einer guten Schöpfungsordnung zu sagen, zu der Verbindung von Himmel und Erde, zum Sinn des Lebens. Sie zeigen eine andere Seite der Geschichte. Der Kirchenvater Augustin verwendete im 5. Jahrhundert erstmals das Wort »Sakrament«. Doch erst viel später, z. B. bei Thomas von Aquin im 13. Jahrhundert, entfaltete sich eine kirchliche Lehre, die die Ehe als etwas grundsätzlich Positives beschrieb, und es ergab sich eine Diskussion darüber, in welchem Verhältnis der eheliche Segen und das Sakrament zueinander standen.[32] In dieser Lehre fand der Konsens der Ehepartner wieder mehr Platz (im Gegensatz zum germanischen Kopula-Ansatz), und die Sexualität wurde nicht mehr nur als Sünde verstanden, sondern als Teil einer heiligen Verbindung von Mann und Frau.[33]

Die Theorie der Sakramente hat aber auch eine komplizierte Seite: Nach Thomas von Aquin seien die Sakramente »Zeichen, die das bewirken, worauf sie hinweisen«[34], d. h., die Gnade geschieht, indem ein Sakrament im Sinne der Kirche vollzogen wird. Nach langen Verhandlungen einigte man sich auf sieben Sakramente:

Taufe, Eucharistie, Firmung, Ehe, Buße, Weihe und Krankensalbung.

Bei aller Vorsicht und Diskussion ist das doch eine steile Behauptung: Gott habe seine Gnade der Kirche in die Hände gelegt. Und das heißt wiederum: Die Gnade liegt in den Händen derer, die die Sakramente verwalten. Der Umkehrschluss liegt dann auch nahe: Es sind diese Kirchenmänner, die darüber entscheiden, ob Gottes Gnade zum Zuge kommt oder nicht, indem sie ein Sakrament nicht spenden oder erklären, dass etwas nicht im Sinne der Kirche geschieht. Was die Ehe betrifft, so kommt das Sakrament durch das Ja-Wort des Paares zustande, das aber nur in Gegenwart eines Priesters seine sakramentale Gültigkeit hat.[35] Hand aufs Herz: Glauben Sie das? Dass allein Zeichenhandlungen in der Kirche die Gnade bewirken? Oder klingt das vielleicht doch nach magischem Denken? Oder zumindest nach dem (verständlichen) Wunsch, etwas Unverfügbares verfügbar zu machen?

Die Bevölkerung des Mittelalters wiederum, diejenigen also, die den Alltag der Ehe lebten, pflegte beständig auf einer ganz anderen Ebene eigene Sitten und Bräuche – sozusagen neben den Machtspielen der Kirche und den Diskussionen der Theologen. Hier ist die Vielfalt groß: Es gab die Min[illegible]tänig um verheiratete Hofdame[illegible]ne zwischen Liebenden unglei[illegible]ch anerkannten Vormundsehe b[illegible]moralfreies Fest und vieles mehr. [illegible] wie das Verbot für Unfreie (also [illegible]u heiraten und ihre Kinder selb[illegible] *noctis* (Recht der ersten Nacht) [illegible]er Nacht nach der Eheschließun[illegible]ein mussten.[37] Es war bei Weite[illegible]fstand, weder innerhalb noch au[illegible]chenmauern.

Am Eingang und Ausgang des Mittelalters finden wir Ideen, die der Vielfalt der tausend Jahre dazwischen eine Art Rahmen geben und auch die Sicht auf die Ehe beeinflusst haben: So beschreibt die Sakramentenlehre des Kirchenvaters Augustin (5. Jahrhundert), wie bereits erwähnt, über das Sakrament der Ehe hinaus noch eine Vielzahl anderer Zeichen, die auf ein göttliches Geheimnis hindeuten. Und am Ende des Mittelalters hat sich Martin Luther intensiv mit der römisch-katholischen Ehelehre (inklusive Zölibat) und ihrer »Unordnung«[38] auseinandergesetzt. Er klagte die Kirche an, ihre Macht zu missbrauchen, und bezweifelte das Gnadenmonopol des Papstes. Luther rückte das Gewissen der Einzelnen in den Blick und stellte den Glauben über das Sakrament. Er nannte die Ehe »ein weltlich Ding«[39] und sprach hier ähnlich wie Augustin: Er wies darauf hin, dass im entscheidenden Bibeltext, dem Epheserbrief, das griechische Wort *mysterion* steht, das erst in der lateinischen Bibel mit *sacramentum* übersetzt wurde. »Geheimnis« und »Sakrament« haben zwar eine große Schnittmenge, aber sie sind nicht das Gleiche. Die heutige katholische Theologie in Deutschland versucht auch, das Sakramentale der Ehe viel bodenständiger und abgegrenzter zu formulieren – die Ehe ist nicht so etwas wie ein »Dauersakrament«, das die Ehepartner als Träger des Heiligen beständig überfordere, das eigentliche Sakrament sei das Ritual der Eheschließung.[40]

Diese Frage nach der Heiligkeit der Ehe ist bis heute ein interessanter Aspekt. Sie korrespondiert mit der Behauptung frommer Christen, die im Einklang mit dem Zweiten Vatikanischen Konzil sagen, Gott sei der »Erfinder der Ehe«[41]. Ebenso gut passt sie zur modernen Religionspsychologie, die unabhängig von Religiosität das Heilige im menschlichen Erleben beschreibt. Neben Natur, Sinn oder Kindern gehören auch Ehe und Sexualität zum »sacred ring«[42] (heiligen Ring) vieler Menschen. Dabei erscheint die theologische Diskussion um die Verwaltung der Sakramente durch die

Kirche vielen ähnlich unverständlich wie die Regieanweisung eines schlecht gelungenen Mittelalter-Rollenspiels. Das Thema selbst geht aber sehr vielen tief zu Herzen.

Im Zentrum also steht eine entscheidende Glaubensfrage: »Gibt es eigentlich Sakramente? Und wenn ja: Ist die Ehe eines?« Vielleicht ist es gar nicht nötig, diese Fragen für alle einheitlich zu beantworten. Es mag reichen, sie zu stellen. Und als gemeinsamer Nenner bleibt, dass viele Menschen heute, religiös oder nicht, die Ehe mit etwas Größerem verbinden, mit etwas Unverfügbarem und Geheimnisvollem, etwas Heiligem.[43]

Die Suche nach dem guten Kern der Ehe im riesigen Zeitraum des Mittelalters ergibt eine fast unüberschaubare Flut an Spuren. Zwischen den Machtdemonstrationen der Kirche, verschiedenen theologischen Schulen, Millionen unterdrückter Frauen, den Minnesängern, Fürsten und Unfreien, alten Traditionen, Aberglauben und der Reformation hatte auch die Ehe viele Gesichter. Die wichtigsten Spuren sind vielleicht diese: Theologen und Gläubige haben gerungen um die Frage, ob und inwiefern die Ehe etwas Heiliges ist. Und mit der Reformation und ihrer Betonung des individuellen Gewissens vor Gott bekommt auch die persönliche Entscheidung zur Ehe ein neues Gewicht. Anders gesagt: Der Kern Ehe ist etwas sehr Persönliches und zugleich etwas Heiliges.

All you need is love: die romantische Wende

Bis vor wenigen Hundert Jahren war die Ehe hauptsächlich eines: ein Vertrag. Das ist sie bis heute. Nach der Reformation ist mit diesem Vertrag allerdings einiges passiert und es ist auch Entscheidendes hinzugekommen.

Zunächst wurde der Vertrag, sehr zum Leidwesen der katholischen Kirche, wieder dem Staat in die Hände gelegt. Zuerst den Fürsten, später der parlamentarischen Gesetzgebung. Wer wen heiraten durfte und welche Rechte und Pflichten mit der Ehe verbunden sind, regelt seither nicht mehr das Kirchenrecht, sondern der Staat, der auf diese entscheidende Stellschraube gesellschaftlicher Ordnung auch großen Wert legte. Bis 2009 war es z. B. gesetzlich vorgeschrieben, vor einer kirchlichen Trauung standesamtlich zu heiraten.[44]

Bis zur Romantik war der gesellschaftlich-vertragliche Aspekt der Eheschließung sehr im Mittelpunkt der allgemeinen Vorstellung: Es galt, eine möglichst »gute Partie zu machen«. Der Tag der Hochzeit sollte für die Braut »der schönste Tag im Leben« sein, an dem sie, geschmückt wie eine Prinzessin, die Bestimmung ihres Lebens erreichte, nämlich die gesicherte Position als Ehefrau und (möglichst!) Mutter der Kinder, die sie dem Mann und Versorger schenkte.[45]

Noch bei Immanuel Kant (1724–1804) wirkte die Idee der Ehe vergleichsweise nüchtern: Die Ehe nach dem Gesetz der reinen Vernunft »ist die Verbindung zweier Personen verschiedenen Geschlechts zum lebenswierigen wechselseitigen Besitz ihrer Geschlechtseigenschaften«[46]. Immerhin klingt das schon viel freiwilliger und gleichberechtigter als manches Eherecht im Mittelalter, und die Sexualität wird an anderer Stelle ausdrücklich als »Genuss« erwähnt.[47] Das Wort »Liebe« kommt aber nicht vor.

Die Liebe bricht durch die romantische Literatur endgültig in die allgemeine Vorstellung von Ehe ein.[48] Als untergründiges Rumoren war sie natürlich schon immer vorhanden, als ausnahmsweiser Glücksfall wurde sie oft beschrieben, als »Ehe zur linken

Hand«[49] sogar als Vorrecht der Herrschenden institutionalisiert. Aber durch die Romantik wird das Rumoren zu einem Vulkanausbruch. Innerhalb kurzer Zeit wird die Liebe zur zentralen, allein gültigen Vorbedingung der Ehe.

William Shakespeare (1564–1616) hatte schon entscheidende Vorarbeit geleistet, unzählige Liebessonette geschrieben und mit Romeo und Julia ein Idealbild geschaffen, das bis heute fasziniert – zwei unsterblich Verliebte, deren unendliche Liebe tödlich endet, weil sie nicht heiraten dürfen. So spricht Julia:

> Denn meine Lieb' ist endlos wie die See
> Und tief: Je mehr ich dir davon gesteh,
> Je mehr hab ich, denn grenzenlos sind beide![50]

Der Rahmen seiner Liebesgeschichten ist aber noch eher mittelalterlich und höfisch. Die Romane und Gedichte, die 200 Jahre später die Herzen der Menschen begeistern, machen die Liebe in der Ehe zum neuen Ideal der Massen, auch als Gegenentwurf gegen allzu viel Aufklärung und Vernunft (und Vernunftsehe).[51] Ein paar Kostproben:

Friedrich Schleiermacher (1768–1834, Frühromantiker) sieht in der Ehe die Verwirklichung der Liebe Gottes zu den Menschen und in der Liebe Gott selbst:

> Gott muss in den Liebenden sein;
> ihre Umarmung ist eigentlich seine Umschließung,
> die sie in demselben Augenblick gemeinschaftlich fühlen
> und hernach auch wollen.[52]

Achim von Arnim (1781–1831, Hochromantiker) beschreibt den Menschen als Suchenden und die Liebe als ewiges Ziel der Suche:

Ich ging in mir verloren
Weit in die Welt hinein,
Ich ging mit tausend Toren
Und fand mich ganz allein.

Ich hatt' den Weg verloren
In tiefer Nacht allein,
Da klangs mir vor den Ohren,
Im Aug ward Dämmerschein.

Es klang: Was du verloren,
Das ist der Glaub allein,
Die Liebe, treu beschworen,
Die wird auch ewig sein.[53]

Joseph von Eichendorff (1788–1857, Spätromantiker) zeigt, dass man durchaus rollenkonservativ und gleichzeitig romantisch sein kann:

Gar oft schon fühlt ich's tief, des Mädchens Seele
Wird nicht sich selbst, dem Liebsten nur geboren.
Da irrt sie nun verstoßen und verloren,
Schickt heimlich Blicke schön als Boten aus,
Daß sie auf Erden suchen ihr ein Haus.

Sie schlummert in der Schwüle, leicht bedeckt,
Lächelt im Schlafe, atmet warm und leise,
Doch die Gedanken sind fern auf der Reise,
Und auf den Wangen flattert träumrisch' Feuer,
Hebt buhlend oft der Wind den zarten Schleier.

> Der Mann, der da zum erstenmal sie weckt,
> Zuerst hinunterlangt in diese Stille,
> Dem fällt sie um den Hals vor Freude bang
> Und läßt ihn nicht mehr all' ihr Lebelang.[54]

Der große Goethe (1749–1832, Klassiker, Romantik-Kritiker und dennoch Stürmer und Dränger) schreibt einen großen Eheroman, die »Wahlverwandtschaften«: Eine herkömmliche, beschauliche Ehe wird durch das Auftauchen zweier weiterer Personen aus ihrem Schlaf geweckt, es entspannt sich ein Strudel von Leidenschaften, in dem schließlich alle vier umkommen. Goethe gibt sich kritisch in alle Richtungen, fährt Argumente gegen Ehe und Ehebruch auf, und gibt doch der Liebe den Ehrenplatz:

> Denn so ist die Liebe beschaffen, dass sie allein Recht zu haben glaubt und alle anderen Rechte vor ihr verschwinden.[55]

Die Ehen der Romantiker selbst waren meist eher unglücklich, voller Konflikte und alles andere als ewig. Ihr hoher Anspruch aber ist bis heute gültig: Jede Heirat soll eine Liebesheirat sein und jede Ehe soll eine Liebesehe bleiben, wenn sie ihren Sinn behalten will. »Liebe« heißt dabei fast ausschließlich innige Hingabe aneinander, Seelenverwandtschaft, Leidenschaft und Glück. Also so etwas wie die ausgewachsene Form der Verliebtheit: Wenn Verliebtsein die verkörperlichte Sehnsucht ist, ein Zustand hormoneller Herzrhythmusstörung und glückseligen Tunnelblicks, so ist Liebe im romantischen Sinn die Erfüllung dieser Sehnsucht auf allen Ebenen – sexuelle, emotionale und geistige Erfüllung. Die Liebe selbst ist vom Gefühl zum Sakrament geworden, unantastbar und übermenschlich. Liebe ist nicht nur Voraussetzung, Frucht oder zumindest Begleiterscheinung der Ehe, sie ist ihr Kern und Wesen. Und verantwortlich für die Verwirklichung dieses Mysteriums ist nicht mehr Gott, sondern der Mensch. Bei manchen Romantikern gibt es das neue Sakrament auch als Mischform: Gott ist die Liebe, die Ehe ist die Wohnung der Liebe, und wenn die Liebe nicht mehr in der Ehe wohnt, dann ist sie gottlos. Anders gesagt: Menschen, die es nicht schaffen, gottgleich zu lieben, vertreiben Gott aus ihrer Ehe und damit sich selbst aus dem Paradies.

Auf der Suche nach dem guten Kern der Ehe gibt uns die Romantik eine sehr zwiespältige Antwort. Sie legt die Liebe als wesentliches Element frei, als göttlichen Ursprung und himmlisches Ziel der Ehe. Damit trifft sie einen Punkt, der uns Menschen in Körper und Seele geschrieben zu sein scheint: Hormondrüsen und Hirnwindungen verlangen vielstimmig nach guten Bindungen und sexueller Erfüllung[56], die Suche nach dem Sinn des Lebens findet zu großen Teilen in Beziehungen statt[57]. Die Liebe ist das Herz der Ehe.

Zugleich sehen wir an den Wirkungen dieser romantischen Revolution, dass die Liebe als selbst gemachtes Dauersakrament nicht taugt. Der Anspruch, dass die Ehe eine 24/7-Romantikshow sein soll, führt in eine Dauer-Überforderung und ist der Anfang so mancher tragischen Geschichte: »Du machst mich nicht glücklich genug!« Die Serien-Monogamie mancher mehrfach verheirateten Menschen heutzutage macht es deutlich: Der Kern der Ehe ist hohl, wenn er nur aus Reset-Romantik besteht. So hoffnungsvoll jeder Neuanfang auch ist: Die vierte Ehe endet oft nicht glücklicher als die dritte, wenn die Romantik ungebremst auf den Alltag trifft.[58]

Die Epoche der Romantik entlässt uns mit einer Spannung zwischen Vernunftehe und romantischer Liebe[59] und der offenen Frage, wer eigentlich das Heilige dieser Liebe trägt. Es ist die Spannung zwischen einem gerechten und funktionierenden Vertrag, einer erfüllenden emotionalen Beziehung und dem höheren Sinn dieser Verbindung. Damit sind die drei Elemente benannt, die den Kern der Ehe ausmachen und um den die Entwicklungen dieser uralten menschlichen Verbindung seit Urzeiten kreisen: die Gerechtigkeit, die Liebe und das Heilige. Dazu später noch mehr.

Heilige Hippies, konservative Lesben – und jede Menge Ehepaare

Und wie sieht es heute aus? In den letzten hundert Jahren und spätestens seit den 1970ern konstatieren alle, die die westliche Welt beobachten, drastische Veränderungen – auch in Bezug auf die Ehe. Manche feiern das als die letzte Befreiung aus patriarchalen Fesseln, als Heilung einer mittelalterlichen Fehlhaltung, andere beklagen moralischen Zerfall und den Verlust einer gemeinsamen Orientierung. Wie auch immer man es bewertet, fest steht, dass die Vielfalt wächst. Es gibt alles: tiefspirituelle polyamouröse Hippies, wertekonservative kirchlich getraute lesbische Frauen, überzeugte Patchworkerinnen und ehrenhafte Machos. Es gibt viele dramatische Scheidungen und viele romantische Hochzeiten, immer mehr verantwortungsvolle Trennungen und jede Menge glücklich verheiratete Paare.

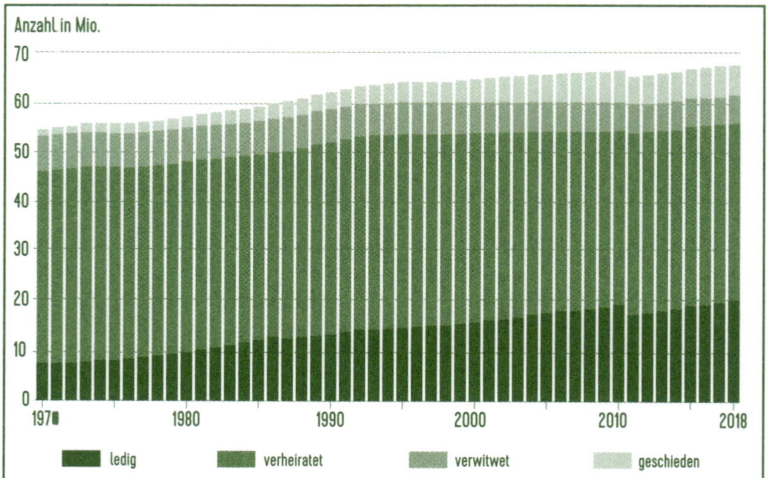

* Die Altersgrenze 20 Jahre wurde gewählt, weil es bis einschließlich 1974 unterschiedliche Grenzen für die Volljährigkeit gab (Früheres Bundesgebiet 21 Jahe, DDR 18 Jahre).

Bundesinstitut für Bevölkerungsforschung (BiB) Datenquelle: Statistisches Bundesamt

Bevölkerung ab 20 Jahre nach Familienstand* (1970–2018), Bundesinstitut für Bevölkerungsforschung (BiB), Datenquelle: Statistisches Bundesamt.[60]

Eine kurze autobiografische Notiz kann den drastischen Wandel veranschaulichen, der sich im Laufe einer Generation in Deutschland vollzogen hat: Meine Eltern haben im Januar 1968 geheiratet – im Juni wurde meine Schwester geboren, allen Berechnungen zufolge eine Frühgeburt[61], meine Mutter war 21 Jahre alt. Dieses Zusammentreffen von Kind und Ehe war und ist ein Klassiker, der zeigt, wie tief die Institution Ehe/Familie in der Gesellschaft verwurzelt war. Meine Eltern gehörten auch nicht zur 68er-Bewegung. In meinem Geburtsjahr 1971 veröffentlichte Udo Jürgens seinen Hit »Ein ehrenwertes Haus« und trifft damit ins Herz des Wandels:

> In diesem Mietshaus wohnen wir seit einem Jahr
> und sind hier wohlbekannt
> Doch stell dir vor, was ich soeben unter unsrer Haustür fand

Es ist ein Brief von unsern Nachbarn, darin steht,
wir müssen raus!
Sie meinen du und ich wir passen nicht,
in dieses ehrenwerte Haus.

Weil wir als Paar zusammen leben und noch immer
ohne Trauschein sind
Hat man sich gestern hier getroffen und dann hat man
abgestimmt
Und die Gemeinschaft aller Mieter schreibt uns nun
»Zieh'n Sie hier aus!«
Denn eine wilde Ehe, das passt nicht in dieses ehrenwerte Haus.

Es haben alle unterschrieben; schau dir mal die lange Liste an
Die Frau von nebenan, die ihre Lügen nie für sich
behalten kann
Und die vom Erdgeschoss, tagtäglich spioniert sie jeden aus
Auch dieser Kerl, der seine Tochter schlägt, spricht für dies' ehrenwerte
Haus.[62]

Wenn wir dieses Lied heute mit unseren Kindern hören, müssen wir es erklären. Meine Tochter und ihr Freund, zwei moralisch solide junge Menschen mit christlichen Wurzeln, haben ein Jahr in einem Van zusammengelebt, jetzt wohnen sie in einem Mietshaus, und ein solcher Brief von der versammelten Nachbarschaft wäre undenkbar. Mit leicht gehobenen Augenbrauen erzählen sie uns manchmal von Freunden, die »sehr früh heiraten« – mit Anfang zwanzig.

Das Verhältnis von Partnerschaft und Liebe, Elternschaft und Familie ist auch in meinen Kreisen lockerer geworden. Mein ältester Freund und seine Partnerin haben gerade geheiratet – nach

25 gemeinsamen Jahren und mit zwei Kindern (15 und 18 Jahre). Eine andere Freundin ist vor Kurzem mit dem Vater ihres Sohnes zusammengezogen, nachdem sie etwa zehn Jahre lang gefunden hatten, dass eine Familie mit zwei Wohnungen, einer Vater- und einer Mutterwelt, für alle die bessere Lösung sei. Meine Schwester und ihr Mann leben seit Langem glücklich zusammen, ohne Kinder. Meine eine Schwägerin ist verheiratet, sie und ihr Mann haben ein gemeinsames Kind und zwei aus der ersten Ehe meines Schwagers. Meine andere Schwägerin hat mich gebeten, die Trauzeremonie für sie und ihre Frau zu leiten – ohne kirchlichen Rahmen, aber in ihrem Trauversprechen sprachen sie von großer Dankbarkeit für die Liebe und sagten einander lebenslange Treue und gegenseitige Unterstützung zu. All diese Menschen gehören zu meinem engen Lebenskreis, und ich erlebe ein freundliches Nebeneinander verschiedener Lebensentwürfe, keinen Kulturkampf. Ich erlebe, dass es im Kern dieser unterschiedlichen Versuche, Partnerschaft und Familie zu gestalten, um sehr ähnlich Werte geht: Fairness und Respekt, Nähe und Geborgenheit und – für viele – Sinn und Spiritualität, die Verbindung zum Heiligen.

Die Beispiele aus meinem Umkreis sind typisch deutsch: Die Ehe ist nach wie vor hoch im Kurs. Menschen heiraten aus sehr unterschiedlichen Motiven.[63] Trotz vieler Scheidungen und einer wachsenden Vielfalt akzeptierter Lebensformen ist mehr als die Hälfte aller Erwachsenen in Deutschland verheiratet (vgl. Abbildung). Die Scheidungsrate ist rückläufig, unter anderem wohl deshalb, weil viele Menschen später heiraten, nachdem sie schon länger zusammengelebt haben. Seit 2011 steigt die Zahl der Hochzeiten wieder leicht an, nachdem sie lange zurückgegangen war.[64] Die Formen sind lockerer geworden, aber die Menschen nicht gleichgültiger.

Auf der Suche nach dem guten Kern der Ehe ist diese letzte historische Etappe entscheidend. Sie bringt – wie jede Veränderung – viel Unsicherheit mit sich. Diese Unsicherheit ist ja auch ein Grund, warum dieses Buch entstanden ist: Aufgrund meines eigenen Bedürfnisses, mich mit dem Thema Ehe auseinanderzusetzen und aufgrund der Erfahrung aus meiner Arbeit als Paartherapeut, in der ich vielen Menschen begegnet bin, die auf der Suche nach Orientierung waren. Die zwischen ihren eigenen Erwartungen an sich und ihre*n Ehepartner*in, romantischen Bildern und Alltagserfahrungen einen guten Weg finden wollten. Aber der Wandel bringt nicht nur Unsicherheit: Die Zeit, in der wir, insbesondere die Frauen, unter dem Patriarchat gelitten haben, geht zu Ende, die Form der Ehe ist weniger starr als früher. Das Ringen um die zentralen Werte fordert von uns heute ein hohes Maß an Ehrlichkeit, die Freiheit der Wahl bringt Verantwortung mit sich. Fairness und gute, sinnvolle Beziehungen sind, bei aller Unterschiedlichkeit, das gemeinsame Ziel der großen Mehrzahl der Menschen, die heute ihr gemeinsames Leben gestalten. Oder, mit meinen etwas altmodischeren Worten: Gerechtigkeit, Liebe und das Heilige.

Fazit: Historische Schalen und der gute Kern der Ehe

Seit Urzeiten haben Menschen in Partnerschaften gelebt, für die es Regeln brauchte. Ob diese Regeln gerecht waren oder nicht, ist ein zentraler Punkt, wenn wir im Rückblick die unterschiedlichen Kulturen vergleichen, die die Menschheit hervorgebracht hat. Unser Sinn für Gerechtigkeit hat sich nicht zuletzt auf dem Nährboden des Christentums weiterentwickelt: gerecht ist, was allen dient und die Schwächeren schützt, was die Macht balanciert, Minderheiten genügend Platz gibt und Aufgaben entsprechend den Gaben verteilt. Für die Ehe bedeutet das in erster Linie die Gleichberechtigung von Mann und Frau. Diese Gerechtigkeit ist über Jahrhunderte vernachlässigt worden. Das heißt aber nicht, dass die Ehe ein ungerechtes Konzept ist – Gerechtigkeit in der Ehe bedeutet, dass die Möglichkeiten, Rechte und Pflichten beider in einer Ehe einen besseren Raum haben sollen als jeweils für sich. Ehe soll nicht nur Ungerechtigkeit verhindern, sie soll Gerechtigkeit fördern!

Seit Urzeiten tun sich Menschen zusammen, weil sie sich lieben. Körperliche Anziehung, Sehnsucht nach Nähe und verlässlicher Freundlichkeit, Hingabe und Hinnahme sind die größten Kräfte, denen ein Mensch ausgesetzt sein kann. Liebe verletzt und heilt, versetzt Berge. Auch Berge des Unrechts. Über Jahrhunderte hinweg hat die Liebe eher trotz der Ehe existiert oder relativ unabhängig von ihr. Ehe war lange ausschließlich ein Vertrag, die Liebe eine erfreuliche Nebenwirkung im Glücksfall. Erst die Romantik hat ihr den Stellenwert gegeben, den wir heute für richtig halten. Es scheint aber in der Natur der Liebe zu liegen, dass sie nicht unbedingt für mehr Ordnung sorgt. Weder im Leben der Einzelnen noch in der Gesellschaft.

Seit Urzeiten suchen die Menschen nach Sinn und viele finden ihn in der Begegnung mit dem Göttlichen. Das profane Leben wird mit dieser anderen Dimension in Verbindung gebracht und so geheiligt. Das gilt für alle Lebensbereiche, vor allem aber für die großen Übergänge und die wichtigen Beziehungen, und somit auch für die Ehe. Im Mittelalter hat das Christentum sich mit der Heiligkeit der Ehe auseinandergesetzt und damit einen entscheidenden Punkt getroffen. Wir verstehen die Ehe besser, wenn wir sie uns nicht nur als die Verbindung zwischen zwei Menschen vorstellen, sondern zusätzlich als die Verwirklichung von etwas Höherem, christlich ausgedrückt: der Liebe Gottes zu seinen Menschen. Die göttliche Liebe, bedingungslos und ewig, heiligt die unvollkommene, ständig stolpernde menschliche Liebe. Das macht Mut zum Vergeben und zum Neuanfang und das steigert den Genuss, wenn es zwischendurch gelingt. Die menschliche Liebe in der Ehe als Teil von etwas Größerem zu verstehen, ergibt für viele Menschen Sinn. Auch Menschen, die nicht an Gott glauben, ordnen die Ehe oft in den Bereich des Heiligen ein.

Gerechtigkeit, Liebe und das Heilige sind alles andere als unabhängig voneinander: Das Recht ist sehr von dem geprägt, was einer Gesellschaft heilig ist. Die romantische Liebe bildet ein emotionales Gegengewicht zum vernünftigen Vertrag – und auch sie ist vielen heilig. So überkreuzen sich die Spuren dieser drei Elemente der Ehe, die wir durch die Geschichte verfolgt haben, ständig. Sie entwickeln sich miteinander und gegeneinander, die Gewichtungen verschieben sich.

Bei allen Veränderungen in der gesellschaftlichen Form scheint die Sehnsucht der Menschen nach einer dauerhaften Partnerschaft zu zweit ungebrochen. Menschen wollen Ehe – oder zumindest etwas Ähnliches. Seit Ende der 1980er-Jahre ist von der »Deinstitutionalisierung von Ehe und Familie«[65] die Rede. Dieses Konzept besagt, dass sich die gesellschaftlichen Formen zwar ändern, dass also Elternschaft, Ehe und Liebespartnerschaft nicht mehr zwingend zusammen gedacht werden. Das heißt aber nicht, dass Liebe, Partnerschaft und Elternschaft weniger wichtig geworden sind. Im Gegenteil: Gerechtigkeit ist ein höheres Gut denn je. Eine erfüllende Partner-

DIE EHE IST DER MENSCHLICHE VERSUCH, GERECHTIGKEIT, LIEBE UND DAS HEILIGE IN EINE LEBBARE FORM ZU BRINGEN.

schaft und/oder die Vater- oder Mutterrolle sind für die große Mehrheit der Menschen eine Hauptquelle von Lebenssinn, eine unerfüllte Sehnsucht oder, wenn sie zerbrechen, Auslöser für existenzielle Krisen. Die Ehe ist nach wie vor die Grundform dieser Beziehungen, sie ist der menschliche Versuch, Gerechtigkeit, Liebe und das Heilige in eine lebbare Form zu bringen.

Briefe ohne Antwort II

Gesendet: Sonntag, 07. Juli 2019, um 16:07 Uhr
Von: »Maya Wegner« <maya@wegner.net>
An: »Joshua Wegner« <jw@connect-it.com>
Betreff: Geburtstag

Lieber Josch!
Du hast gesagt, ich soll dich nicht anrufen, auch nicht an deinem Geburtstag. Aber schreiben kann ich dir wohl, du kannst ja selber entscheiden, ob du die Mail öffnest und wann.
Herzlichen Glückwunsch zum Geburtstag. Klingt wie eine Floskel, aber ich meine das wirklich so. Ich wünsche dir Glück. Was ich für dich fühle und was meine Gefühle für dich bedeuten, ist im Moment ein schwieriges Thema. Blindflug. Dir geht es ja wohl nicht anders, wahrscheinlich versuchst du gerade die lange Gleichung mit vielen Unbekannten zu lösen, die Weltformel der Ehe zu finden. Zu entscheiden, ob die Summe deiner Gedanken und Gefühle gerade »an« bedeutet oder »aus«. Ob du »Enter« oder »Escape« drücken sollst auf deiner Ehetastatur.
Sorry, du hast Geburtstag und ich will mich nicht lustig machen. Was ich eigentlich sagen wollte, ist: Ich habe ja schon viel für dich empfunden, und auch sehr Unterschiedliches. Enttäuschung, Begeisterung, Leidenschaft, Wut, Dankbarkeit, Verletzung, Ungeduld, Freude, Liebe (was immer

das ist?!), you name it. Aber ich habe dir noch nie Unglück gewünscht. Ich wünsche dir Glück. Von Herzen. Herzlichen Glückwunsch, Josch! Und das gilt auch jetzt. Du bist nur 50 Kilometer entfernt und warst doch noch nie so weit weg. Deine Mutter hat wahrscheinlich Frankfurter Kranz gebacken, vielleicht ist deine Schwester zum Kaffeetrinken gekommen. Ein paar verstohlene Blicke, die nach dem Unglück suchen, das dich an deinem Geburtstag nach Hause getrieben hat, aber nichts Aufdringliches. »Maya geht es nicht gut, sie brauchte ein paar Tage für sich, zur Erholung nach dem anstrengenden Schuljahr« – so was Ähnliches hast du wahrscheinlich gesagt. Kein Wort über das, was wirklich im letzten Jahr los war, stimmt's? Eine hochgezogene Augenbraue zwischen deinem Vater und deiner Mutter, ein Spruch über die ach so belasteten Lehrer, die doch das ganze Jahr über schon nachmittags frei haben, ein »Das wird schon wieder!« von deiner chronisch optimistischen Schwester, ansonsten kein Kommentar. Keine weiteren Fragen, euer Ehren. Das Urteil steht ohnehin schon fest. »Maya ist eine unstete Seele, ein Sensibelchen. Sie hat ja aber auch einiges durchgemacht. Das gibt sich mit der Zeit. Spätestens wenn sie Mutter wird.«. Im besten Fall. Oder: »Maya ist ein Risikofaktor. Kein Wunder, bei der Familiengeschichte. Unser armer Josch!« Wie auch immer. Ich stelle mir vor, ihr sitzt in dem aufgeräumten Wohnzimmer, »Der Herr ist mein Hirte« an der Wand. Und ihr redet, wie immer, ohne wirklich viel über euch selbst zu sagen. Wahrscheinlich über ein paar Leute aus der Gemeinde, die Hilfe brauchen. Vielleicht schimpft dein Vater ein bisschen über irgendwelche Entscheidungen in der Kirchenleitung, die weltfremd sind und mit dem Gemeindeleben vor Ort nichts zu tun haben, und deine Mutter beschwichtigt ihn. Du sitzt da, mitten in dieser heilen, heiligen Welt und fragst dich vielleicht, warum das bei uns nicht genauso geworden ist. Vielleicht hattest du dir das mehr oder weniger so vorgestellt. Eine Welt mit einem eindeutigen moralischen

Nordpol, der Kompass zeigt immer nur in eine Richtung. Dankbarkeit, Bescheidenheit, Freude am Herrn, Freude am Dienst am Nächsten. Hin und wieder ein bisschen Genuss. Wie angenehm, wenn alles klar ist. Und wenn man die ganzen offenen Fragen einfach weglächeln kann.
Ach, ich will gar nicht lästern. Es war ja genau das, was mich gerettet hat. Deine Eltern haben mich gerettet (»Maya, lass den Herrn nicht aus dem Spiel«, würde dein Vater sagen), sie haben mich aufgenommen, als von meiner Familie nur noch Schutt und Asche übrig war. Haben mir ein ganz anderes Verständnis von richtig und falsch gezeigt als diesen ständigen Gerechtigkeitskrieg, den meine Mutter führt. Ich weiß nicht, wo ich ohne deine Familie gelandet wäre. Aber ich bin die ganze Zeit das Gefühl nicht losgeworden, dass deine Eltern lieber ein sicheres Gemeindemädel an der Seite ihres Sohnes gesehen hätten als mich.
Ich wünsche dir Glück, Josch. Aber ich glaube, es ist nicht diese Art von Glück, die ich dir wünsche. Nicht das berechenbare, fertige Glück. Glückskonserven. Glück mit langem Haltbarkeitsdatum (»Ewigkeit!«, würde dein Vater sagen). Glück an, Glück aus. Kein geschmiedetes Glück. Ich wünsche dir lebendiges Glück, unberechenbares. Wie in der Musik, die man nicht festhalten kann. Wie im Ozean schwimmen und merken, dass das Wasser dich trägt. Hatten wir nicht auch viele solcher Momente zusammen? Wir haben mal über »Segen« gesprochen, als wir in Italien waren, weißt du noch? Wir kamen aus der kleinen Kirche, vollgestopft mit Gold und Prunk, hinaus auf den Vorplatz und schauten über den Golf von Neapel. Und du hast so was gesagt wie »Es ist wirklich gut, die Kirche im Rücken zu haben. Aber der eigentliche Segen ist hier, unter Gottes weitem Himmel, mit Blick auf seinen Horizont. Das lässt sich nicht einfangen und festhalten. Aber es ist da.« Ich fand das so schön, damals, und habe immer wieder daran gedacht. Und während ich es hier schreibe, wird mir wieder mal klar, dass ich dir unrecht tue – du bist nicht

nur der 0-1-Mensch, als den ich dich immer darstelle. Ich weiß ja auch, dass dich das ärgert. Es tut mir leid, Josch. Mir tut überhaupt so vieles leid. Aber das schreibe ich wohl besser ein anderes Mal, nicht an deinem Geburtstag.

Mach's gut heute!

Maya

PS: Ich schicke noch zwei Briefe aus Tobias' Kiste mit: von meiner Patentante und von meiner Mutter.

Liebe Maya, lieber Josch!
Ich wünsche euch von Herzen alles Liebe zur Hochzeit, mögen die Schutzengel nur so um euch flattern und die übrigen Engel im Himmel Geige spielen! Ich freue mich sehr für euch und mit euch!
Tobias hat sich für euch eine Sammlung von Briefen für schwere Zeiten gewünscht. Das ist ein so ungewöhnliches Geschenk, dass ich gern mitmache, aber ich hoffe natürlich, dass dieser Brief für alle Zeiten ungelesen in irgendeiner Kiste auf eurem Dachboden verschimmelt, weil ihr in eurem Leben von einer Blumenwiese zur nächsten schwebt. Ich glaube nämlich, dass das geht. Dieses Gerede von den guten und den schweren Zeiten klingt immer so, als wäre es unausweichlich, dass beides kommt, so als würde nach dem Glück immer schon das Unglück warten. So ein Quatsch!
Ich glaube, die Welt ist einfach voller Zufälle, Glück und Unglück sind nicht berechenbar, die Schutzengel arbeiten höchst unzuverlässig. Wenn ihr also in Unglück geratet, im siebten Jahr oder wann auch immer, kommt hier mein Rat: Schwamm drüber! Ihr habt einfach Pech gehabt. Das klingt banal, aber es ist meine tiefe Lebensweisheit. Denn wer Pech hat, hat keine Schuld. Und kann weiterleben. Diese Weisheit hat mir ein Engel eingeflüstert, als ich ganz unten war. Als ich nach Karlas Tod in der Klinik war und mich Tag und Nacht mit der Frage gequält habe, was ich noch hätte tun können, um sie zu retten. Was ich versäumt habe – hätte ich sie nicht allein gehen lassen dürfen an dem Tag? Hätte ich wissen sollen, dass ihr Körper den Sprung ins Wasser nicht verträgt? Henrik hat damals viel Geld für Anwälte ausgegeben und alle möglichen Leute verklagt, die angeblich Schuld hatten: die Betreiber der Badeanstalt, die DLRG, die Stadtverwaltung, den Rettungsdienst. Das hat ihm nicht gutgetan, glaube ich. Und unserer Ehe ja auch nicht. Fast wäre ich

selbst in der ganzen Schuld ertrunken, hätte mich nicht der Engel freigesprochen. Da ganz unten, als ich abgesunken war bis auf den Grund, habe ich verstanden, dass die Vergebung unseres Heilands für alle gilt: für die Sünder und die Pechvögel, die Hilflosen und die Tatenlosen und die, die glauben, eine weiße Weste zu haben. Da konnte ich mich abstoßen vom Grund und konnte wieder atmen und aufhören, nach der Schuld zu suchen. Mein Rat für euch ist also: Wenn euch ein Unglück passiert, versucht es nicht, zu erklären, sucht nicht nach der Schuld. Nicht nach eurer eigenen und nicht nach der von anderen. Das ist die Liebe, von der die Engel im Himmel singen.

Maya, es ist für mich immer ein großes Glück gewesen, dass du meine Patentochter gewesen bist. Niemand kann Karla je ersetzen, aber weil ihr euch nah wart, war es für mich immer besonders schön, wenn du bei mir warst, so als wäre ein Stück von ihr auch da. Es war eine Freude, zu sehen, wie du erwachsen geworden bist und dass du einen so wunderbaren Mann gefunden hast. Ich freue mich sehr, dass wir uns nicht aus den Augen verloren haben.

Alles Liebe für euch beide!

Eure Ruth

Liebe Maya und lieber Josch,
euer Freund Tobias hatte ja eine ungewöhnliche und konstruktive Idee, das ist ein Pluspunkt, und er bat um Ehrlichkeit, das ist ein weiterer. Einen Brief an euch beide zu schreiben, so als wärt ihr ab jetzt eine Einheit, das ist allerdings ein konzeptueller Minuspunkt: Die Ehe löst nicht die individuellen Rechte und Pflichten auf. Da aber das Positive überwiegt, mache ich gern mit. Und da ich entgegen manchen Meinungen durchaus zu Kompromissen fähig bin, schreibe ich also zwei Briefe und lege sie in diesen einen Umschlag.

Liebe Maya,
ich komme gleich zur Sache: Die Ehe kann eine vernünftige Sache sein, wenn sie nicht als Behälter für romantische Illusionen und reaktionäre, patriarchalische Strukturen missbraucht wird. Leider wird sie das oft.
Ich kann nur hoffen, dass ich dir durch meine Erziehung genug Selbstbewusstsein und Eigenständigkeit mitgegeben habe, dass du nicht in diese Falle gehst. Das Verhalten deines Vaters, so unerträglich es auch für uns alle gewesen ist, wird immerhin ein Gutes gehabt haben, nämlich dass du wachsam bleibst, damit dir nicht dasselbe geschieht wie mir.
Dein Mann Josch wird seinen Standpunkt noch zu finden haben. Er hat zwar einen problematisch konservativen Hintergrund, aber er hat auch einen ausgeprägten Sinn für Gerechtigkeit. Was eine funktionierende Ehe betrifft, geht nur eins von beiden.
Beruflich vertrete ich ja oft Frauen, die Opfer ehelicher Ungerechtigkeit geworden sind, oft sogar ehelicher Gewalt. Das Familienrecht hat in den letzten hundert Jahren gewaltige Fortschritte gemacht, aber die Gesellschaft (Männer wie Frauen!) hängt hinterher. Ungleichheit in der finanziellen Anerkennung von Leistungen, schräge Vorstellungen davon, was eine »gerechte Aufgabenverteilung« ist, altertümliche Vorstellungen beruflicher und körperlicher Selbstbestimmung der Frau – all das klebt an den Ehevorstellungen vieler meiner Mandantinnen wie Schimmel.
Ich hoffe, liebe Maya, dass du mit der Verwirklichung eurer ehelichen Beziehung (ebenso wie ich mit meiner Arbeit) einen Beitrag zur Veränderung leisten kannst. Damit es dir gut geht und dir ein Kampf wie meiner gegen deinen Vater erspart bleibt und damit für deine Töchter Freiheit, Gleichheit und Gerechtigkeit Güter sind, auf die sie selbstverständliches Anrecht haben.
Ich weiß, dass es dir in meinem Leben oft zu kämpferisch zugeht, und es spricht ja für sich, dass du dir einen so friedlichen Gesellen wie Josch

ausgesucht hast. Ich wünsche dir, dass diese Rechnung aufgeht. Solltest du aber doch in die Lage kommen, dass du um dein Recht kämpfen musst, so weißt du, dass du dich jederzeit an mich wenden kannst.

In Liebe,

Mama

Lieber Josch,
ich schätze deine ruhige, besonnene Art, und ich freue mich, dass meine Tochter anscheinend einen Mann heiratet, der aus einer anderen Generation stammt, in der es darum geht, gute Formen des Zusammenlebens zu finden, anstatt auf alte Gewohnheiten zu pochen. Ich bin überzeugt, dass das nicht nur für die Frauen, in diesem Fall Maya, ein Gewinn ist, sondern auch für die Männer, in diesem Fall für dich. Meine Erfahrung allerdings ist, dass man (!) im Konfliktfall instinktiv auf alte Muster zurückgreift. Konflikte entstehen oft aufgrund moderner Herausforderungen und werden dann auf altertümliche Weise beigelegt, anstatt sie auf moderne Weise zu lösen.
Du weißt, dass ich Konflikte nicht scheue und sie für notwendige Schritte auf dem Weg zu einem besseren Miteinander halte. Ich habe mich gefreut, dass auch du unseren Diskussionen nicht aus dem Weg gegangen bist, sondern, wenn ich mich nicht täusche, auch deine Freude daran hattest. Ich kann dich nur ermuntern, diese Haltung zu bewahren.
Dieser Brief soll ja, wenn es nach eurem Freund Tobias geht, eine Hilfe für schwierige Zeiten sein. Was genau hilfreich ist, ist pauschal natürlich gar nicht zu sagen. Aber sollte es ein Konflikt sein, biete ich dir schon jetzt gern meine Unterstützung an, wenn du ein Gegenüber brauchst, um einen hilfreichen Standpunkt zu finden.
Alles Gute für euch beide!
Deine Karin

Teil 2

PROFESSIONELLE EHE-LEUTE

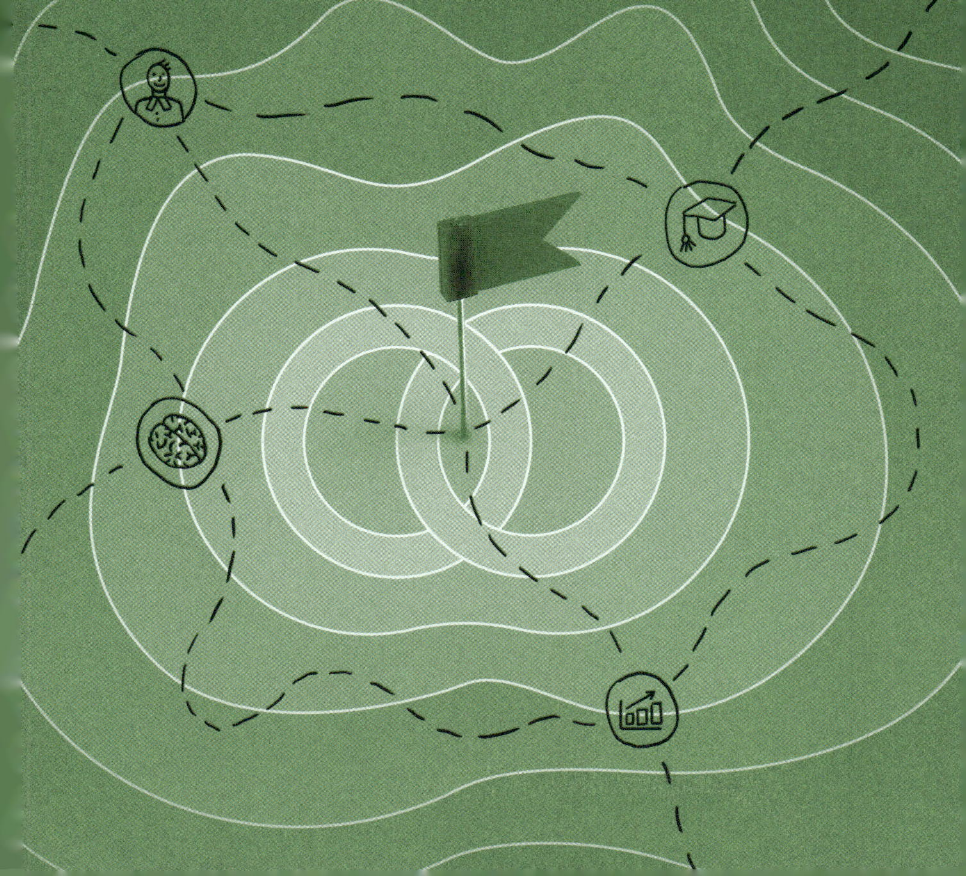

Bevor wir uns genauer ansehen, wie (und ob) Gerechtigkeit, Liebe und das Heilige in der Ehe in Einklang zu bringen sind, fragen wir, wie heute üblich, zunächst einmal die Experten. Das ist natürlich ein zweischneidiges Schwert, weil es – wie inzwischen alle wissen – für jede Meinung die passende Expertin oder den passenden Experten gibt. Mich haben zwei Dinge motiviert, eine eigene wissenschaftliche Studie durchzuführen: zum einen die Neugierde, zum anderen der Wunsch, meiner eigenen Meinung in diesem Buch die Meinung anderer an die Seite oder gegenüberzustellen. Auf der Reise zum Mittelpunkt der Ehe lade ich Sie deshalb ein, die Ergebnisse einer Umfrage anzusehen, die ich im Jahr 2021 gemacht habe. Und wie es sich für gute Wissenschaft (und nicht populistische Pseudo-Wissenschaft) gehört, erzähle ich Ihnen nicht nur die Ergebnisse, so wie sie mir in den Kram passen, sondern zeige auch die Schwächen der Studie – urteilen Sie selbst.

Wissenschaftliche Selbstkritik

Geistliche trauen Menschen, bitten um Segen für ihre Liebe und vertreten damit die Ehe als Institution. Mitarbeitende in der psychologischen Beratung begleiten Paare in Krisenzeiten. Familienanwält*innen helfen bei Scheidungen. Natürlich haben alle Berufsgruppen auch mit anderen Phasen und Elementen der Ehe zu tun – Geistliche in der Seelsorge, Mitarbeitende in der Beratung und Familienanwält*innen auch in vielen anderen Konstellationen. Aber es lässt sich doch sagen, dass die jeweiligen Schwerpunkte den drei Berufsgruppen eigen sind. In meiner Studie habe ich also

Angehörige dieser drei Gruppen gefragt, was sie von der Ehe halten. Hier präsentiere ich einige der wichtigsten Ergebnisse.[66]

Aber erst einmal, wie versprochen, die Schwächen dieser Untersuchung: Es sind relativ wenige Teilnehmende (172), sodass man kaum von einer repräsentativen Studie sprechen kann. Die Teilnehmenden sind überwiegend in der Altersgruppe 45 plus, sodass ein Vergleich der Generationen nicht möglich ist, was ja wichtig wäre, wenn man die Veränderung von Einstellungen zur Ehe abbilden will. Und schließlich: Die Einladungen zur Teilnahme wurden zwar proportional zur Einwohnerzahl an potenzielle Kandidat*innen in allen Bundesländern verschickt (600 insgesamt), aber ich habe Stadt und Land, Ost und West oder Nord und Süd nicht mit erhoben, sodass die Studie über solche Unterschiede auch keine Aussagen machen kann. Also: Vorsicht auch mit dieser »Wahrheit«.

Ergebnisse der Studie

Nun aber zu den Ergebnissen meiner Studie, denn es bleibt noch immer viel Interessantes übrig, z. B. dies:

1. **Die überwiegende Mehrzahl der befragten Eheprofis hält die Ehe für eine gute Sache.**

Die Berufsgruppen haben sehr unterschiedliche Einstellungen zu den verschiedenen Facetten der Ehe.

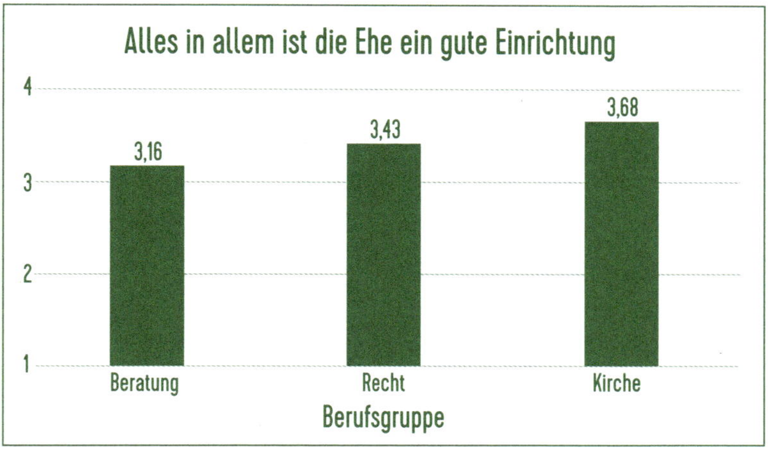

Durchschnittliche Zustimmung, von 1 = gar nicht bis 4 = sehr

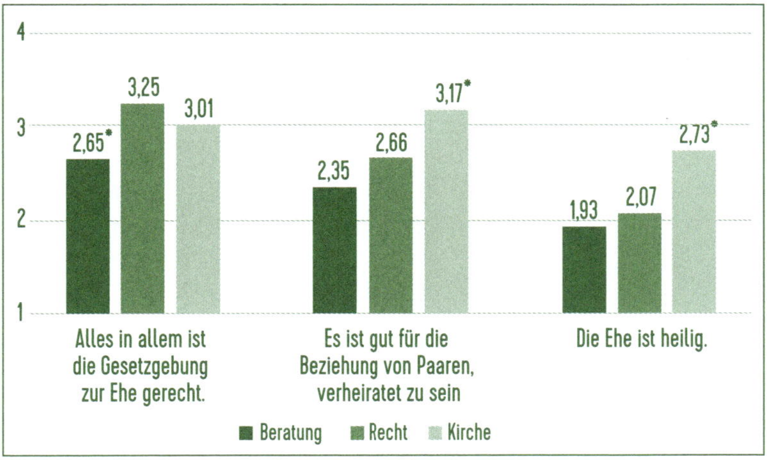

Durchschnittliche Zustimmung, von 1 = gar nicht bis 4 = sehr * signifikanter Unterschied zu den anderen zwei Berufsgruppen, errechnet in einer Varianzanalyse, $p < .05$

Geistliche und besonders Familienanwält*innen halten die Ehegesetze für gerecht, Mitarbeitende in der psychologischen Beratung zögern eher. Geistliche halten die Auswirkungen der Ehe auf die Beziehung für eindeutig positiv, die anderen zwei Berufsgruppen äußern sich eher neutral. Am deutlichsten ist der Unterschied bei der Frage der Heiligkeit der Ehe: Hier sind – vielleicht wenig überraschend – die Geistlichen weit vorne. Eine einleuchtende Erklärung für diese Unterschiede liegt in den unterschiedlichen Erfahrungen, die Angehörige der verschiedenen Berufsgruppen in ihrem Alltag machen: Pastorinnen und Pastoren treffen wohl überdurchschnittlich oft auf glückliche Paare, die voller Hoffnung in die Zukunft blicken, und eine kirchliche Trauung unterstreicht ja diese Hoffnung durch den Segen, stellt die Beziehung in einen heiligen Raum. Mitarbeitende in der psychologischen Beratung hingegen sehen Tag für Tag die Konflikte und das Leiden, die in Beziehungen entstehen können – die hoffnungsvollen Anfänge finden in den Beratungsräumen ebenso wenig statt wie die langen Zeiten guter Partnerschaft, die auch nach einer Krise wieder möglich sind. Und Familienanwält*innen scheinen von Berufs wegen besonders an bestimmten Aspekten der Ehe interessiert zu sein: Gerechtigkeit und Verantwortung. Das wurde auch in den Kommentaren zur Umfrage deutlich.

2. Die verschiedenen Kirchen und Konfessionen äußern sich sehr unterschiedlich zur Frage der Heiligkeit der Ehe.

Dass Teilnehmende ohne Kirchenzugehörigkeit mit dem Begriff der »heiligen Ehe« am wenigsten anfangen können, überrascht wenig. Die katholische Kirche ist ja so etwas wie die Erfinderin des Sakraments, sodass ein hoher Durchschnittswert bei katholischen Teilnehmenden ebenfalls zu erwarten war. Dass allerdings Mitglieder freikirchlicher Gemeinden noch viel positiver antworten und Mitglieder der evangelischen Landeskirchen einen so niedrigen

Durchschnittswert haben, ruft nach einer Erklärung. Hier ein paar Vorschläge:

- Der Begriff »heilig« ist derart offen, dass er in den verschiedenen Konfessionen sehr unterschiedlich verstanden wird. Während freikirchliche Teilnehmende z. B. dazu neigen könnten, ihn als »besonders gesegnet« zu deuten, könnte das Verständnis in den Landeskirchen von dem alten Konflikt über die Sakramentenlehre geprägt sein und so etwas wie »unverfügbar, unantastbar« bedeuten. Überhaupt scheint sich die Ehe leider zu einer Art Kampfbegriff entwickelt zu haben, sodass weniger über Inhalte und mehr über die äußere Form gestritten wird. Das könnte sich hier abzeichnen. Eine Fragebogenuntersuchung taugt aber kaum dazu, das genauer zu beleuchten. Weitere Untersuchungen, etwa mit Tiefeninterviews, wären nötig, um das zu klären.
- Die Zusammensetzung der Stichprobe könnte das Bild verschieben: Unter den katholischen Teilnehmenden sind z. B. überdurchschnittlich viele Familienanwält*innen, während konfessionslose Teilnehmende hauptsächlich in der psychologischen Beratung tätig sind. Der Unterschied zwischen Teilnehmenden der evangelischen Landeskirchen und der Freikirchen erklärt sich so nicht, denn in beiden Gruppen sind prozentual ähnlich viele Geistliche vertreten (etwa 70 Prozent), Beratende (etwa 20 Prozent) und Familienanwält*innen (etwa 10 Prozent).
- Die Zusammensetzung der Stichprobe birgt aber noch eine andere, sehr aufschlussreiche Schieflage: Bei fast allen Konfessionen sind die Frauen mit etwa 55 Prozent leicht in der Überzahl. Bei den freikirchlichen Gemeinden hingegen sind die Frauen nur mit etwa 15 Prozent vertreten. 85 Prozent der

Antworten stammen folglich von Männern. Das ist besonders interessant vor dem Hintergrund des letzten Ergebnisses, das ich hier präsentieren will.

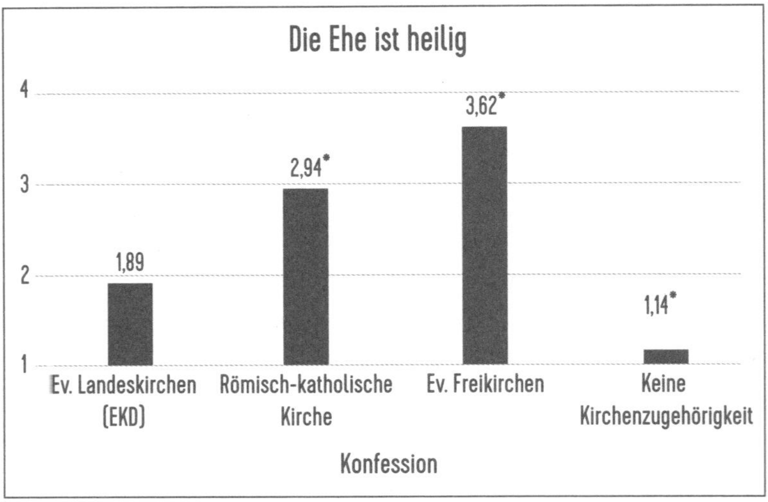

Durchschnittliche Zustimmung, von 1 = gar nicht bis 4 = sehr * signifikanter Unterschied zu den anderen Konfessionen, errechnet in einer Varianzanalyse, p < .05

3. Männer und Frauen antworten unterschiedlich.

Die Ergebnisse meiner Umfrage passen zu denen anderer repräsentativer Erhebungen in Deutschland, etwa vom Familienministerium[67]: Männer neigen dazu, von der Ehe Sicherheit und Status zu erwarten, sie haben ein eher konservatives Rollenbild. Auch die Einschätzung der »Heiligkeit« ist stärker. Frauen hingegen sehen den Wert der Ehe eher in weicheren, beziehungsorientierten Kategorien, sie sind zurückhaltender, was den Wert der Ehe als Institution angeht. Eine sehr gründliche soziologische Studie, die sich auf standardisierte Befragungen von über 750 Paaren in Deutschland gründet, kommt auch zu diesem Ergebnis.[68] Gerade vor dem Hintergrund der Geschichte, in der die Gerechtigkeit in der Ehe über Jahrhunderte mit (männlichen) Füßen getreten wurde, ist diese Tendenz ein wichtiger Hinweis: Könnte es sein, dass wir hier noch die unheiligen Spuren einer Zeit sehen, in der wir – Männer wie Frauen – eigentlich gar nicht mehr leben wollen? Kann es sein, dass sich das Heilige in der Ehe noch nicht voll entfaltet hat, weil es zu lange in den Formen männlicher Macht gefangen war?

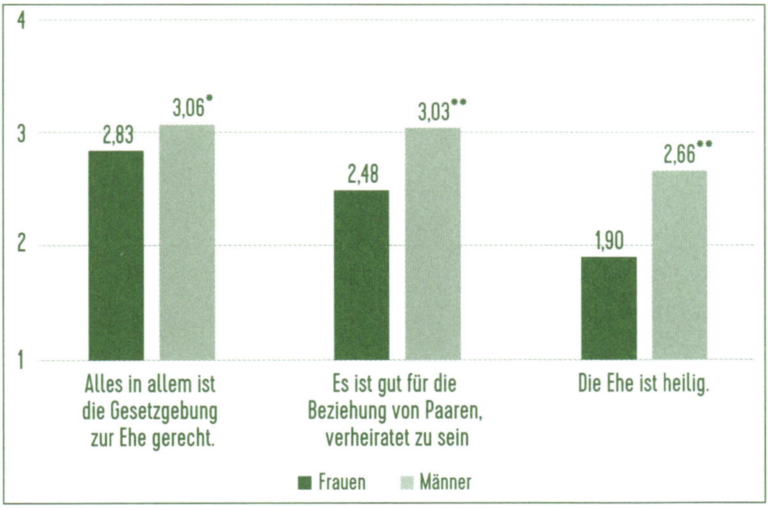

Durchschnittliche Zustimmung, von 1 = gar nicht bis 4 = sehr * signifikanter Unterschied, errechnet in einem t-test, $p < .05$ ** signifikanter Unterschied, errechnet in einem t-test, $p < .001$

Fazit: Ein klares »Ja-Aber« zur Ehe!

Profis, die mit der Ehe zu tun haben, Geistliche, psychologisch Beratende und Familienanwält*innen, finden Ehe gut. Im Detail aber gehen ihre Einschätzungen auseinander, je nachdem, welche beruflichen Erfahrungen sie machen, und je nachdem, ob sie Männer oder Frauen sind.

Die Ergebnisse dieser Studie weisen darauf hin, dass die Entwicklung der Ehe auch in unserer Zeit weitergeht. Die Reise zum Mittelpunkt der Ehe, die von der Steinzeit bis zur Romantik manche Umwege und Irrwege genommen hat, ist nicht abgeschlossen. Gerade die große Spanne der Erfahrungen, Möglichkeiten und Bedürfnisse, die es heute gibt, macht einen Dialog nötig, damit wir auf dem Weg weder gute Werte verlieren noch in den Sümpfen der Tradition stecken bleiben.

Wenn ich die Ergebnisse meiner Studie stark vereinfache und typische Gruppen wähle, wäre eine naheliegende Schlussfolgerung diese: Freikirchliche Pastoren und psychologische Beraterinnen haben anscheinend am meisten Gesprächsbedarf miteinander. Ihre Einschätzungen von guter Ehe, Gerechtigkeit und Heiligkeit unterscheiden sich am deutlichsten, und sie können sicherlich viel voneinander lernen, beide haben Wichtiges beizutragen. Dieses Gespräch nicht zu führen, hieße, auf ein besseres Verständnis vom Mittelpunkt der Ehe zu verzichten.

Briefe ohne Antwort III

Gesendet: Dienstag, 09. Juli 2019, um 04:04 Uhr
Von: »Maya Wegner« <maya@wegner.net>
An: »Joshua Wegner« <jw@connect-it.com>
Betreff: Alte Leute im Park

Hallo Josch,
ich kann nicht schlafen. Du kannst dir von den vielen Gründen einen aussuchen, wahrscheinlich halten sie mich alle zusammen wach, eine Legion von Schlaflosigkeitsdämonen, die mich mit ihren Lanzen wieder wach stechen, sobald ich mich zu sehr entspanne. Sorry, solche Metaphern sind bei dir zu Hause wohl nicht gestattet!? Vielleicht lieber so: Der Strom meiner Gedanken, »das Grundrauschen der Seele«, habe ich irgendwo gelesen, ist zu laut geworden, ist zu einem brüllenden Krach angeschwollen. Die Oberfläche meines Gemüts liegt ja fast nie spiegelglatt da, meistens ist sie gekräuselt von ein paar Sorgen oder Freuden, ich bin nie der meditative Typ gewesen, aber jetzt tobt der Orkan der Angst, das Gewitter des Gewissens, Wutwetter, Sturmböen der Verlassenheit. Die Wellen schlagen hoch.
Vielleicht ist es aber auch einfach zu heiß zum Schlafen.
Ich war heute im Stadtpark. Hab rumgelegen und versucht, in diesem Ratgeber zu lesen, Schlaf nachzuholen im Schatten, gleichzeitig rauszukommen und zur Ruhe. Raus bin ich gekommen, zur Ruhe nicht. Das waren noch Zeiten, als der Stadtpark einfach nur ein schöner Ort war, in dem wir auf unserer Wolldeckeninsel hocken konnten, die Lehrbücher von der Uni ungeöffnet neben uns, und alle möglichen Lebensformen flanierten an uns vorbei. Der Real-life-Laufsteg: Singles, Paare, Freundesgruppen. Leute gucken im Park, ein Schaufenster möglicher Zukünfte:

»Guck mal, willst du mal so einen Hund haben? Dann musst du dir aber auch die gleiche Collie-Frisur machen lassen.« – »Stell dir vor, jeden Samstag grillen mit so einer riesigen Familie, das muss doch schön sein ... na ja, kommt auf die Familie an.« – »Hast du die da gesehen? Ob die schon im Partnerlook rumgelaufen sind, als sie so alt waren wie wir? Bitte verlasse mich sofort, wenn ich anfange, dir morgens die Klamotten rauszulegen!« – »Wie reich muss man eigentlich sein, um so einen Hightech-Kinderwagen zu kaufen? Ich glaube, man muss mit Babyartikeln handeln, um sich selbst welche leisten zu können.«

Irgendwann liefen im Stadtpark nur noch Paare mit Kindern rum, und ich konnte es nicht ertragen. Mal vorwurfsvoll, mal hämisch, mal mitleidig zogen sie an mir vorbei und zeigten mir eine Zukunft, die wir nie haben sollten. Es ist eben nicht allen vergönnt. Es sind eben nicht alle genetisch qualifiziert. Es sind eben nicht alle gesegnet. Das war die Zeit, als ich anfing, mit allem zu hadern. Und dann dein Vater mit seiner Predigt über die unfruchtbare Braut Israel, die vom Herrn verstoßen wird, und dieses Gerede von der Heiligung und Reinigung des Lebens vor Gott und der Berufung der Frau zur Mutterschaft und all diese Phrasen. Und der dumme Streit beim Mittagessen danach, keiner wollte nachgeben. Ich habe mich ja später entschuldigt dafür, dass ich ihn »Bibel-Nazi« genannt habe, denn das ist er wirklich nicht. Er nimmt eben sehr ernst, was er glaubt. Und er hat meine Entschuldigung auch angenommen. Aber er hat nicht zurückgenommen, was mich so aufgeregt hat: dass Mutter werden ein Segen Gottes ist, ein Zeichen der Zuwendung Gottes, wie bei Abraham und Sarah. Und dass Kinderlosigkeit auch ein Zeichen von Gott sein kann, ein Hinweis auf eine Trennung von Gott. Ich bin seitdem immer weniger in die Gemeinde gegangen. Ich hatte da dasselbe Gefühl wie im Park: Vorwurf, Häme, Mitleid. Obwohl alle so nett waren. Du bist weiter hingegangen, hast mich verteidigt, mich entschuldigt, warst geduldig, unangefochten, unkaputtbar, wie immer. »Da ist doch so viel anderes, was Segen ist, wir finden schon unsere Aufgabe, es wird schon seinen

Sinn haben, sollen wir nicht im Kindergottesdienst mithelfen?« Du wolltest alles in Gottes Hände legen – unser Leben, unsere Kinder oder unsere Kinderlosigkeit, alles von Gott, dann ist es doch gut. Aber ich habe gehadert. Warum hat Gott mich aus dem Chaos meiner Familie herausgeholt, nur um mich dann als »nicht heilig genug« zu stempeln? Kinder-Small-Talk beim Kaffee nach dem Gottesdienst – unerträglich. Ich taugte wieder mal als Objekt zum Ausprobieren neuer Gesprächstechniken der versammelten Hobby-Seelsorgerinnen. Empathie-Overkill. Die arme, kinderlose Sünderin, gestrandet am rettenden Ufer der Gemeinde? Keiner hat's direkt so gesagt, aber ich habe es zwischen allen Zeilen gelesen. Und ich hatte gedacht, dass ich das längst hinter mir hätte. Dabei habe ich dich um deine kühle Gottergebenheit auch beneidet. Sie war ja schon immer ein Gegengewicht zu meiner Kämpferseele, zu meiner brennenden Melancholie. Aber hier war der Gegensatz vielleicht doch zu groß. Du wolltest die Untersuchung eigentlich auch nicht: »Wenn wir keine Kinder kriegen können, warum müssen wir dann wissen, warum? Kinder sind ein Geschenk, wir haben keinen Anspruch darauf, lass uns das Leben nehmen, wie wir es bekommen.« Am Ende hast du sie nur mir zuliebe gemacht. Oder, damit es endlich Ruhe gibt? Ich glaube dir (wirklich!), dass du dich nicht bloß um die Frage drücken wolltest, wer von uns beiden »schuld« ist. Darum ging es mir nie. Ich war mir auch nicht sicher, ob ich diesen Weg wirklich weitergehen wollte. Was Bianca mir erzählt hat, war eigentlich Abschreckung genug: Hormonbehandlung, Stundenplansex, peinliche reproduktionsmedizinische Wartezimmer, Streit um die nächsten 3000 Euro für den hoffentlich letzten vielleicht doch wieder vergeblichen Versuch? Bianca sagt, sie bereut jedes Jahr in diesem Kinderwunschtunnel.

Was ich aber krass fand, war, dass das Ergebnis dann fast keinen Unterschied gemacht hat. Und bitte glaub mir: Ich habe dich NICHT wegen deiner Samenqualität geheiratet! Aber vielleicht hatte ich gehofft, dass sich mein Status doch wieder ändert, in der Gemeinde, bei deinen Eltern – vor Gott? Aber es war, als würde die Kinderlosigkeit an MIR kleben, nicht an uns oder gar an dir. Biologie hin oder her. Ich bin die Frau, ich muss abliefern. Meine Mutter würde wohl sagen, dass das kein Wunder ist in einem Verein, der sogar Jungfrauengeburt für machbar hält. Und das Fiese war, dass es noch nicht mal ein offenes Gespräch darüber gab. Ich hab nur tonnenweise Mitleid gekriegt und »Wir beten für euch«. »Betet doch mal für Joschis Samenqualität« wäre keine Antwort gewesen, die für gute Stimmung gesorgt hätte. Es war ohnehin nicht primär dein Problem. »Josch, wie läuft es mit der Firma?«

Josch, ich weiß, dass das alles schrecklich ungerecht ist. Die meinten es doch alle nur gut. Ich weiß das. Aber es tobt eben trotzdem in mir. Und falls du dich das fragst: Ich bete noch. Aber wenn meine Gebete früher blumige Loblieder oder herzlicher Dank waren, sind sie jetzt Raketen. Geschosse, die auf Gottes kalter Oberfläche zerplatzen, wirkungslos, wie mir scheint. Oder Leuchtraketen, mit wenig Hoffnung in den dichten Nebel geschossen, die viel zu schnell und ohne Antwort verglühen. Aber ich bete. Und es fühlt sich nicht so an, als würde ich damit bald aufhören.

Heute im Park waren es aber nicht die Mutter-Vater-Kind-Glücklichen, die mich vertrieben haben. Es waren die alten Leute, die ich irgendwann nicht mehr ertragen konnte. Besonders ein Paar, das hat mir den Rest gegeben: uralt, beide krumm, viel zu warm angezogen bei der Hitze. Sie gingen am Stock und Hand in Hand, ein bisschen mühevoll bis zu einer Bank im Schatten. Sie packte Butterbrote aus, tatsächlich in Butterbrotpapier, und reichte ihm eins. Sie saßen da und kauten langsam, guckten sich die Tauben an, die Leute, redeten gar nicht viel. Und dann lehnten sie sich aneinander. Nur ein ganz bisschen, und er lächelte und streichelte ihre Hand. So viel Frieden habe ich nicht ausgehalten. Ich musste

da weg, hab mir meine Decke genommen und bin nach Hause. Ein paar Leute haben mich komisch angeguckt, weil mir die Tränen runterliefen. Besteht mein Leben denn aus einer unendlichen Reihe von Träumen, die nicht in Erfüllung gehen? Oder eben auf die falsche Art und Weise? Schön verpackte Geschenke, die aber im Kern verdorben sind? Aus dem Chaos in eine heile Familie, aber doch nicht eine echte Tochter. Aus wirren Beziehungen in die Ehe mit einem wunderbaren Mann, aber nicht mit Kindern gesegnet. Aus einer anstrengenden Suche heraus hin zu einem Platz im Leben mit einem guten Beruf, Haus und Freunden, aber doch ohne Frieden. Am Ende doch Mutter, aber ohne Vater? Der Park ist zu einer Ausstellung des Lebens geworden, das für mich unerreichbar ist: glückliche, junge Paare mit Kindern, friedliche Alte, große Grillfamilien. Dabei habe ich mich echt angestrengt. Meistens.
Sorry, Josch. Ich sollte dich nicht noch mehr belasten. Aber irgendwie habe ich das Gefühl, du bist trotz allem der, dem ich das alles schreiben sollte. Nicht einem Tagebuch, das nicht antworten kann (du könntest ja im Prinzip), und auch nicht Tanja oder Hanna – die würden wohl antworten, und wir telefonieren auch immer mal, sie kümmern sich. Aber die kennen eben nur meine Seite der Geschichten. Sie sind mir fast zu parteiisch für mich. Und verstehen doch nicht alles. Wenn ich es dir schreibe, habe ich das Gefühl, es ist besser aufgehoben, weil du auch die andere Seite kennst. Du kennst meine Ungerechtigkeit und meine kleinliche Wut und all das. Ich will ja gar nicht recht haben oder gewinnen. Ich will das alles nur los sein.
Nein. Nicht alles.
Wie es dir wohl geht? Es tut mir so vieles leid, Josch.
Jetzt schlafe ich mal. Oder auch nicht. See you.
Maya

Liebe Maya und lieber Josch!
Es ist ja so unglaublich traurig und so unendlich schön. Tobias hat lange mit mir gesprochen und mir von seiner Idee erzählt. Wir wissen ja alle, wie es im geht und was auf ihn zukommt – ich finde, er ist ein echter Held, dass er nicht einfach verzweifelt, sondern etwas tut. Er will was Gutes hinterlassen. Er ist ein echter Glaubensheld! Und es ist echt keine Frage, dass ich euch auch einen Brief schreiben will. Obwohl ich gar nicht weiß, was ich schreiben soll. Tobias hat gesagt, dass es »für schlechte Zeiten« sein soll, und das kann ich mir bei euch beiden überhaupt nicht vorstellen. Ihr seid nämlich auch Helden für mich. Helden der Liebe.
Maya, du bist die große Schwester, die ich nie gehabt habe, aber wenn ich mir eine gewünscht habe, dann war sie wie du: so lustig und klug und einfühlsam und so echt. Du hast aus deinen Verletzungen kein Geheimnis gemacht, und das hat dein Glück und deinen Glauben neben den dunklen Teilen deines Lebens nur umso heller leuchten lassen. Ich freu mich total, dass du in der Gemeinde bist, du bist auch ein Vorbild im Glauben für mich. Weißt du das eigentlich? Du glaubst und betest und stellst trotzdem so ganz schwierige Fragen und weißt nicht gleich alle Antworten und dann bittest du Gott mit Leidenschaft. Bei uns zu Hause ist oft alles so ordentlich, wir sind eben in der Gemeinde aufgewachsen und hatten es immer gut. Manchmal hatte ich fast Lust, es mir ein bisschen schlecht gehen zu lassen, einfach, damit ich mal erleben kann, was Gott wirklich alles tun kann. Aber das wäre ja auch fies gewesen meinem Leben gegenüber und undankbar. In deinem Leben hat ER viel getan und ich bin so froh darüber. Und Josch, du bist eben der große Bruder, den ich immer gehabt habe, da muss ich ja gar nicht viel dazu sagen. Klar, dass du dir nicht irgendjemanden aussuchst, sondern die beste Frau auf der Welt, die dich liebt und dich ergänzt und die trotzdem so stark ist.

Ich kann mir gar nicht vorstellen, wie ihr beide mal in eine Krise geraten solltet. Klar, einer kann krank werden oder so, aber Tobias meinte, ich sollte mir eher vorstellen, was ich sagen würde, wenn ihr euch mal voneinander entfernt habt, die Sorte schlechte Zeiten. Das wird euch kaum passieren, weil ihr beide so aufmerksame Menschen seid. Ihr seid ja nicht wie so viele alte Paare, die in ihren Routinen nebeneinanderher leben und damit zufrieden sind, dass jeder seine Aufgaben erfüllt. Ihr seid so lebendig. Und Gott ist ja bei euch.

Aber ich versuche es trotzdem: Also, wenn ihr mal vergessen haben solltet, wie sehr ihr einander liebt und dass Gott der Erfinder eurer Liebe ist, der euch durch alles durchträgt, dann kommt zu mir und ich erinnere euch daran. Ich wohne dann nicht mehr zu Hause, also müsst ihr als Erstes meine neue Adresse raussuchen, nicht die, die auf diesem Brief steht 😉. Und dann wird es so sein, dass ich euch an das dankbare, fast ungläubige (und doch so gläubige 😉) Lächeln erinnere, das ihr beide auf dem Gesicht hattet, wenn ihr den anderen angeguckt habt. Und an die Geschichte, wie ihr euch kennengelernt habt auf der Gemeindefreizeit, zu der du, Maya, eigentlich ÜBERHAUPT NICHT mitkommen wolltest und es mehr wegen meiner Eltern gemacht hast und hinterher beim Abschlusskreis meintest, dass die Geschichte vom verlorenen Sohn lauter Fehler hat, nämlich erstens, dass der verlorene Sohn eine verlorene Tochter ist, und zweitens, dass er sich bei der Heimkehr unsterblich in den daheimgebliebenen Sohn verliebt, und drittens, dass der daheimgebliebene viel netter ist als in der Geschichte, und dass du glatt schwul werden würdest, wenn es eine Bedingung wäre, dass es in der Geschichte nur Männer geben dürfte. Ich fand den Ausdruck auf Papas Gesicht so unbeschreiblich komisch! Und den auf deinem Gesicht, Joschi, auch irgendwie: So viel Glück war wohl noch nie zwischen zwei Ohren zu sehen!

Und dann würdet ihr kurz erzählen, was das Problem ist, und egal, was es ist, es wäre immer kleiner als die Liebe, die Gott ist, und dann würdet ihr euch versöhnen, wenn das nötig ist, oder euch wieder tief in die Augen schauen, wenn das nötig ist, und nach dem Happy Beginning wäre das ein Happy Neubeginning und noch lange nicht das Happy End. 😉

Alles, alles Liebe!!!

Eure Kara

Teil 3

GERECHTIGKEIT, LIEBE UND DAS HEILIGE – DAS KOORDINATENSYSTEM DER EHE

In den vorhergehenden Kapiteln habe ich vorgeschlagen, die drei Kategorien »Gerechtigkeit«, »Liebe« und »das Heilige« als Grundelemente der Ehe zu wählen. Diese drei Dimensionen sind nützlich als Achsen in einem Koordinatensystem, um sich auf dem Weg zum Mittelpunkt der Ehe nicht zu verirren. Mir gefällt diese Idee vom Koordinatensystem gleich aus mehreren Gründen:

- Sie macht deutlich, dass die drei Dimensionen zusammengehören. Das wurde ja schon beim geschichtlichen Durchgang deutlich, und es leuchtet auch allen ein, die ihre eigene Ehe betrachten: Liebe und Gerechtigkeit gehören zusammen. Wer »Ich liebe dich« sagt und zugleich ungerecht ist, wirkt unglaubwürdig. Das Heilige in der Ehe scheint zwar eher eine Kategorie für sich, aber es lässt sich auch am besten mit der unverfügbaren Liebe, der höheren Gerechtigkeit beschreiben. Und viele, denen diese Dimension wichtig ist, würden sagen, dass sie dem Leben (und der Ehe) erst Tiefe verleiht, sodass man das Heilige als eine dritte Dimension beschreiben kann.
- Sie ermöglicht gleichzeitig, die drei Dimensionen für sich zu betrachten. Liebe und Gerechtigkeit sind eben nicht dasselbe, und das Heilige schon gar nicht. Die Ehe ist ein komplexes Gebilde. Da kann es helfen, sich mit drei zentralen Begriffen eine innere Ordnung zu schaffen, um den Überblick nicht völlig zu verlieren. Das schafft Orientierung im Liebestaumel. Aber Achtung: Natürlich lassen sich auch viele andere Koordinatensysteme finden. Es gibt immer einen Unterschied zwischen der wirklichen Landschaft und der Landkarte, die den Wandernden helfen soll.
- Sie ist offen für Bewegung. Je nachdem, welche Bedeutung die drei Achsen des Koordinatensystems bekommen, ver-

schieben sich die Punkte. Zu verschiedenen Zeiten, in verschiedenen Kulturen wurden Gerechtigkeit, Liebe und das Heilige recht verschieden verstanden und gelebt. Der Mittelpunkt der Ehe ist wahrscheinlich mindestens so beweglich wie der magnetische Nordpol der Erde. Zur Navigation taugt er dennoch. Besonders wenn die Gnade unser spiritueller Nordpol sein soll, braucht es Platz für ein »gut genug« und Spielraum zum Leben innerhalb der Koordinaten.

- Sie macht es Ihnen als Leser*in möglich, Ihren eigenen Punkt im Koordinatenkreuz zu bestimmen. Wo findet sich Ihre Ehe? In welche Richtung bewegt sie sich? Zu welcher Liebe sind Sie berufen?

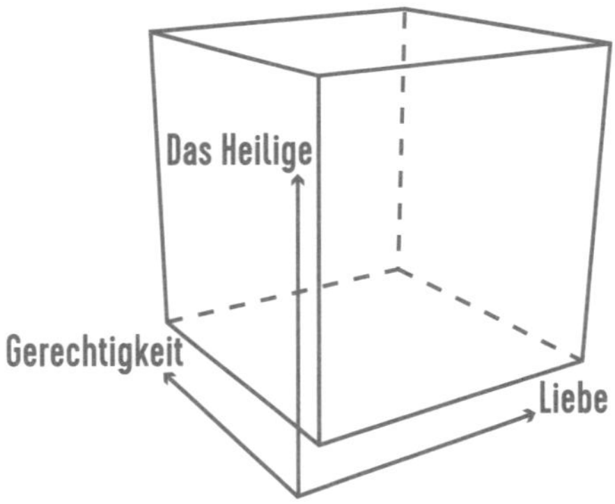

Die drei Dimensionen der Ehe beinhalten jeweils eigene Lernfelder, Erkenntnisse und Aufgaben. Die folgenden Kapitel heißen »Gerechtigkeit üben«, »Liebe entfalten« und »Das Heilige suchen« und betrachten einige dieser Lernfelder, den Raum zwischen den Achsen des Koordinatensystems. Den Zusammenhang für Ihre eigene Ehe werden Sie bei Bedarf schnell herstellen.

Gerechtigkeit üben

Die Gerechtigkeit ist so etwas wie die sachliche Grundlage der Ehe, der Nährboden der Liebe. Sie ist eine Voraussetzung für das Schöne und das Baumaterial des Heiligen. Ähnlich wie Ackerboden an sich wenig schmackhaft ist, macht auch Gerechtigkeit an sich keinen Spaß. Aber was auf dem Ackerboden wächst, ist nahrhaft und lecker. Was auf Gerechtigkeit gründet, kann beständig schön sein. Deshalb ist es gut, mit dieser Dimension zu beginnen.

Bevor wir aber genauer betrachten, wie Gerechtigkeit in der Ehe aussehen kann und wie sie sich üben lässt, braucht es noch ein bisschen Vorarbeit. Vor dem Säen muss gepflügt werden und davor muss man ein paar Steine vom Acker sammeln. So auch hier: Ein paar Vorgedanken lohnen sich also.

WAS AUF GERECHTIGKEIT GRÜNDET, KANN BESTÄNDIG SCHÖN SEIN.

Gerechtigkeit ist ein Zusammenspiel verschiedener Faktoren, z. B. ist zu klären, ob gleiches Recht auch von gleichen Möglichkeiten und gleichen Voraussetzungen ausgeht. Wer erschwerte Ausgangsbedingungen hat, sollte aus Gründen der ausgleichenden Gerechtigkeit andere Vorteile haben. Wer schwach ist, sollte das Recht auf Schutz genießen. Kinder z. B. haben deshalb eigene Rechte, weil sie in der Abhängigkeit von Erwachsenen nicht die gleichen Voraussetzungen haben, um sich durchzusetzen und für sich selbst zu sprechen. Ein gerechtes Steuersystem verlangt von Reichen mehr als von Ärmeren, ein gerechter Staat schützt die Schwächeren mehr als die Starken. Gerecht ist also nicht immer, was gleich ist, vielmehr ist gerecht, was gleiche Bedingungen herstellt. In einer idealen Welt sind Rechte, Möglichkeiten und Grenzen so balanciert, dass es allseits gerecht zugeht.

In der Ehe geht es deshalb hauptsächlich um die Frage nach dem Unterschied zwischen Männern und Frauen, über den immer wieder gestritten wird. Dieser Streit ist wichtig, denn Gerechtigkeit zwischen Männern und Frauen hängt auch davon ab, ob es gleiche Voraussetzungen für alle gibt. Ein Großteil der Argumente für das mittelalterliche Verständnis von Ehe gründet auf der Idee, dass die Frau »das schwache Geschlecht« sei, sowohl körperlich (der Mann führt das Schwert und schwingt den Hammer) als auch moralisch (Eva hört auf die Schlange im Paradies). Gegen diese Vorstellung begehren Frauen und Männer seit Generationen auf. Die Frauen, weil ihre Möglichkeiten beschnitten werden und ihre Gaben nicht zur Entfaltung kommen, und die Männer, weil ihnen dämmert, dass ein Dauer-Abo für die Rolle des angeblich Starken eine ständige Überforderung ist, zumal wenn sich zeigt, dass eine gerechte Verteilung von Macht und Möglichkeiten viel besser funktioniert. Das Bild hat sich also verschoben. Aber wovon sollten wir nun ausgehen? Sind Frauen und Männer gleich? Spielt das Geschlecht keine Rolle? Was ist gerecht?

Männer sind anders, Frauen auch – von Gleichheiten und kleinen Unterschieden

Es gibt relativ wenige Initiativen, die für eine gemeinsame Wertung für Männer und Frauen beim olympischen Gewichtheben eintreten. Und auch die Anzahl an Forderungen für eine Männerquote bei der Austragung von Geburten ist sehr überschaubar. Es gibt Unterschiede zwischen Männern und Frauen, die kaum diskutierbar sind. Allerdings sind schon diese beiden Beispiele sehr verschieden: Während genau 0 Prozent aller Männer Kinder bekommen können, kann eine große Anzahl Frauen schwerere Gewichte heben als viele Männer – das gilt im Alltag, nicht auf olympischem

Niveau.[69] Manchmal gibt es prinzipielle Unterschiede, manchmal tendenzielle. Das ist auch in Ehen zwischen Männern und Frauen der Fall: Nur eine von beiden kann ein Kind zur Welt bringen und stillen – jedenfalls im Prinzip und ein paar Jahrzehnte lang. Und meistens tragen Männer größere Schuhe, meistens frieren Frauen schneller, Frauen haben einen Monatszyklus, Männer Bartwuchs – in einigen Lebensphasen und individuell mehr oder weniger ausgeprägt. Männliche und weibliche Körper sind unterschiedlich. Auf solche Unterschiede, die biologisch bedingt sind, gilt es Rücksicht zu nehmen, wenn es gerecht zugehen soll.[70]

Und natürlich haben diese Unterschiede gewaltige Wirkung: Sie steuern die sexuelle Anziehung und sind damit entscheidend – besonders in der ersten Phase von Beziehungen, wenn es um Chemie geht und darum, ob eine Person die andere »gut riechen« kann. Sie haben Auswirkungen auf die Mode, auf das Verhalten in der Öffentlichkeit. Und so werden Männer und Frauen ihre Unterschiede pflegen und herausstellen, solange Menschen daran interessiert sind, vom anderen Geschlecht wahrgenommen zu werden. Die biologischen Unterschiede zwischen Männern und Frauen bilden die Basis der körperlichen Verbindung und Anziehung, deshalb sind sie wichtig. Zugleich sind sie nicht zu verwechseln mit der Gesamtheit einer Liebesbeziehung. Außerdem gibt es gerade in der Sexualität jede Menge individueller Unterschiede und Vorlieben, sodass man Verallgemeinerungen schnell als falsch bewerten muss. Und verglichen mit den tendenziellen Unterschieden zwischen Männern und Frauen gilt: Die prinzipiellen sind deutlich in der Unterzahl.

Bei den meisten Unterschieden zwischen Männern und Frauen ist es nämlich etwas komplizierter, weil nicht klar ist, ob es biologische, evolutionäre oder kulturelle Unterschiede sind. Ob also Mädchen grundsätzlich so und Jungs anders sind, ob sie sich im

Laufe der Menschheitsgeschichte verändert haben oder ob das eine Sache von Kultur und Erziehung ist. Alle kennen das: »Ich habe zwei Jungs zu Hause – da kannst du mit deinem Mädchenhaushalt gar nicht mitreden.« – »Machen Sie sich keine Vorwürfe, Jungs haben es in der Schule einfach schwerer.« Sind Jungs und Mädchen unterschiedlich? Wenn ja, warum? Und gilt das dann genauso für Männer und Frauen? In jedem Alter? Manche glauben, die Antwort auf diese Fragen wäre wichtig, so als wären alle Konflikte gelöst, wenn diese Fragen geklärt wären – die Debatten in diesem Feld sind entsprechend hitzig. In der Psychologie ist es fast eine Grundsatzentscheidung, ob man sich eher an die Evolutionspsychologie hält, die nach genetischen Spuren sucht, die in der Urzeit der Menschheit gelegt wurden und bis heute unser Verhalten prägen, oder ob man sich eher sozialpsychologisch ausrichtet und die Wirkung von kulturellen Erwartungen und pädagogischer Prägung untersucht. Ich glaube, diese Fragen sind eher nebensächlich. Warum? Hier ein Beispiel aus der Persönlichkeitspsychologie:

»Verträglichkeit« ist einer von fünf zentralen Aspekten der Persönlichkeit – Menschen unterscheiden sich in diesem Punkt, zeigen mehr oder weniger Empathie und Kompromissbereitschaft, sind mehr oder weniger freundlich und vertrauensvoll. Wenn man große Gruppen von Männern und Frauen vergleicht, finden sich auch Unterschiede: Frauen schneiden im Bereich »Verträglichkeit« durchschnittlich besser ab, mit Variationen in verschiedenen Altersgruppen und Kulturen. Aber: Der Überschneidungsbereich zwischen Männern und Frauen ist sehr viel größer als der Bereich der Verschiedenheit. Oder anders gesagt: Die individuellen Unterschiede sind viel größer als die, die auf das Geschlecht zurückzuführen sind.[71]

Eine Grafik macht es deutlich: Sowohl Männer als auch Frauen verteilen sich gleichmäßig auf der Skala des Persönlichkeitsmerkmals »Verträglichkeit«, die allermeisten haben eine mittlere Ausprägung. »Normalverteilung« ist der statistische Begriff dafür. Die Verteilung der Frauen ist leicht nach rechts verschoben. Selbst bei relativ starken psychologischen Unterschieden wie »Verträglichkeit« ist die Effektstärke, also die Verschiebung der beiden Kurven zueinander, allerdings gering oder höchstens mittel. »Große« Effekte im wissenschaftlichen Vergleich der Persönlichkeiten von Männern und Frauen gibt es gar nicht. Schauen Sie sich die Flächen unter den Kurven an: Die größte Fläche ist die Schnittmenge.

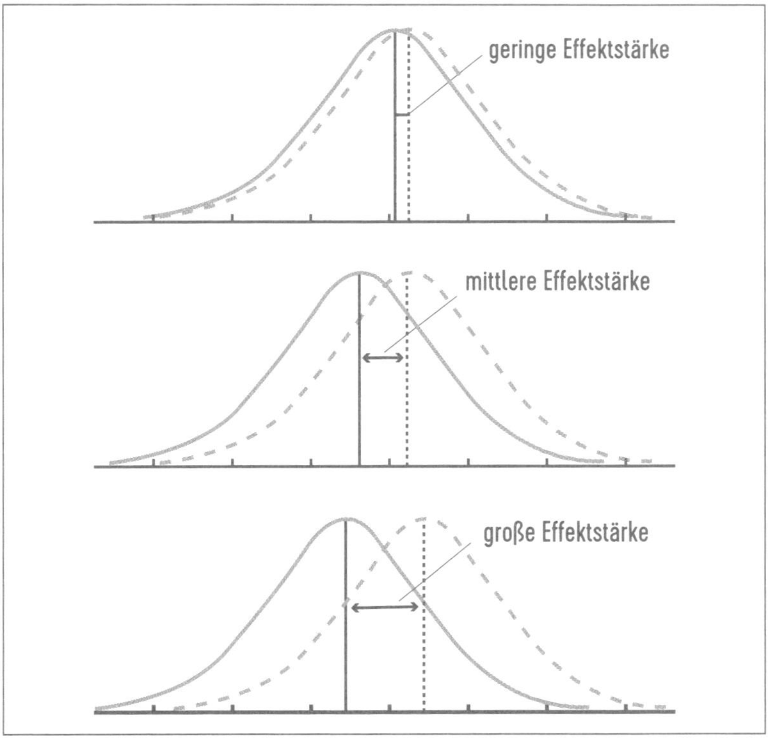

Und was die Unterschiede betrifft, so ist nicht klar, wie viel sich davon durch kulturelle Veränderungen noch verschieben kann.

Es ist aber auch unerheblich, denn die meisten Unterschiede, die aufgrund des Geschlechts gemacht werden, sind statistisch gesehen ohnehin falsch. Männer und Frauen sind sich mindestens sehr ähnlich. »Verträglichkeit« bietet noch einen der deutlichsten psychologischen Unterschiede (und auch der ist ja wie gesagt höchstens von mittlerer Stärke), die meisten anderen, die moralisches Verhalten, Kreativität, Intelligenz, soziale Fähigkeiten oder Emotionalität betreffen, sind noch kleiner. Und diese Ergebnisse sind gleich, egal ob man von genetischer Festlegung oder pädagogischem Spielraum ausgeht.

Noch ein kleiner Test: Stellen Sie sich vier Menschen vor – Angela Merkel, Hape Kerkeling, Donald Trump und Nina Hagen. Und dann ordnen sie diese vier auf verschiedenen Skalen an: Machtstreben, Sachlichkeit, Harmoniebedürfnis, Freundlichkeit, Ordnungsliebe, Extraversion usw. – welche Rolle spielt das Geschlecht?

Für zwei, die heiraten, heißt das, dass sie sich irgendwo auf diesen Skalen befinden können: Der eine kann hitziger oder ungeduldiger sein als die andere, oder andersherum. Eine kann mehr Redebedarf haben als der andere, vielleicht ist es aber auch genau andersherum. Einer ist sachlicher, eine emotionaler, oder eben anders. Am besten, wir lassen die Wörter »Mann« und »Frau« einfach weg, wenn wir von Unterschieden zwischen zwei Menschen sprechen, auch zwischen zwei verheirateten. Der individuelle Unterschied ist nämlich viel erheblicher als der statistische, der ohnehin nur klein ist.

Und es geht noch weiter: Es ist für jede Person wichtig, zu wissen, wer sie ist. Kultur, Geschlecht, Generation, all das sind Teile der Identität, die sich in gewissen Spielräumen jedoch auch verändert. So ändert sich z. B. das Alter ganz von allein, die Kultur wiederum durch äußere Veränderungen und innere Lernprozesse. Und das Geschlecht? Abgesehen von sehr seltenen genetischen

Besonderheiten ist das biologische Geschlecht zwar festgelegt, in seiner Ausprägung aber nicht nur individuell sehr unterschiedlich, sondern auch in seiner Bedeutung ständig in Veränderung. Nicht allen sind Geschlecht und Sexualität gleich wichtig, und auch in verschiedenen Lebensphasen verschiebt sich die Bedeutung. Für ein 9-jähriges Mädchen hat das Geschlecht eine andere Bedeutung als für eine 20-jährige Frau – und nicht alle 20-jährigen Frauen sind auf gleiche Weise am Geschlecht orientiert. Eine stillende Mutter ist auf andere Weise weiblich als eine Frau in den Wechseljahren. Ein 70-jähriger Mann ist ein anderer Mann als ein 25-jähriger. Wer auf einen Flirt aus ist, wird es wichtiger finden, ob das Gegenüber ein Mann oder eine Frau ist, als jemand, der sich nur nach dem Weg erkundigt. Geschlecht taugt also nicht als pauschale Kategorie, auch wenn es im Leben vieler Menschen eine wichtige Rolle spielt.

Gilt es also, die Unterscheidung zwischen Mann und Frau vollständig zu den Akten zu legen und nur noch auf die individuellen Unterschiede zu setzen? Mann oder Frau, das spielt einfach keine Rolle mehr? Was nach einer relativ friedlichen Haltung klingt, ist in Wirklichkeit eine Provokation in alle Richtungen. Wir Menschen lieben Vereinfachungen, sind ja sogar auf sie angewiesen. Wer behauptet, dass die Unterscheidung Mann-Frau nicht so wichtig sei, versucht der Gesellschaft eine der praktischsten Vereinfachungen zu nehmen. Weil es ähnlich sichtbar ist wie die Hautfarbe oder das Alter einer Person, ist das Geschlecht eine sehr beliebte Kategorie. Die Effekte der Sozialpsychologie sind stark: Wir wollen deutlich machen, wer zu unserer Gruppe gehört und wer nicht, deshalb werden die Grenzen überdeutlich gezogen. Kleine Unterschiede werden aufgebauscht, die Steinzeitmenschen werden bemüht und die Tradition warmgehalten. Und dass es so gute Blondinen-Witze gibt, macht die Sache auch wirklich nicht einfacher. Aber eben auch nicht gerechter. Ohne die Unterschiede zwischen Männern und

Frauen werden die Menschen nicht auskommen, und in manchen Situationen im Leben gibt es ja auch nichts Schöneres als die sich ergänzenden Unterschiede. Die Anfänge einer Ehe sind jedenfalls zum Teil um sexuelle Anziehung herum gebaut, also im Fall der heterosexuellen Mehrheit um diese Unterschiede. Für ein gerechtes Miteinander in der Ehe aber taugen sie wenig. Abgesehen von den Unterschieden rund um die Fortpflanzung (Schutz von Schwangerschaft, Geburt und Stillzeit) ist die gerechteste Lösung eine grundsätzliche Gleichbehandlung mit individuellen Freiheiten. Ich sage bewusst »Fortpflanzung« und nicht »Sexualität«, weil die Unterschiede von Vorlieben in diesem Bereich wiederum sehr individuell verschieden sind. Und Frauen, die keine Kinder bekommen können oder wollen, wollen sicher auch nicht mit allen anderen Frauen in die Mütter-Kategorie gesteckt werden.

Was bedeutet all das für die Gerechtigkeit in der Ehe? Es heißt, dass wir getrost Abschied nehmen können von Modellen, die festschreiben wollen, wie Männer und wie Frauen sind. Zu den unbefriedigendsten Erlebnissen meines (Ehe-)Lebens gehören Seminare, in denen ein älteres, seelsorgerlich-freundliches (Pastoren-)Ehepaar auf einer Bühne stand und einem erwartungsvollen Publikum aus Ehepaaren erzählte, dass alle Frauen viel über Beziehungen reden würden, während alle Männer handfeste Lösungen suchen würden. Ebenso getrost können wir uns verabschieden von Modellen, die behaupten, dass Männer und Frauen gleich sind und dass deshalb alle Aufgaben, und zwar exakt gleich, zu verteilen sind, wenn es gerecht zugehen soll. Männer und Frauen sind zwar im Durchschnitt gleich, aber die Menschen können eben sehr verschieden sein. Gerechtigkeit in der Ehe ist deshalb immer die Gerechtigkeit zwischen zwei Menschen. Dass diese Menschen Mann oder Frau sind, spielt eine Rolle, aber eben nicht die entscheidende.

Gerechtigkeit? Übungssache!

Männer und Frauen haben das gleiche Anrecht auf Ausbildung, auf berufliche Selbstentfaltung, auf Einkommen und Freizeit. Sie sind auf gleiche Weise verpflichtet, füreinander, für Kinder und Eltern Verantwortung zu tragen, zum gemeinsamen Lebensunterhalt beizutragen und alltägliche Aufgaben zu erfüllen.

MÄNNER UND FRAUEN SIND ZWAR IM DURCHSCHNITT GLEICH, ABER DIE MENSCHEN KÖNNEN EBEN SEHR VERSCHIEDEN SEIN.

Sind Sie einverstanden? Und sieht es in Ihrem Alltag auch so aus? Viele antworten auf die erste Frage mit Ja und auf die zweite mit so etwas wie »Na ja, eigentlich war das schon so gedacht, aber …«, gefolgt von Erklärungen, die mit Steuerklassen, praktischen Erwägungen und eher unreflektierten, schleichenden Prozessen zu tun haben.

Nicht alle Rahmenbedingungen in Deutschland sind schon so gut, dass sie eheliche Gerechtigkeit von allein herstellen, und viele Gepflogenheiten in Unternehmen und Erwartungen in Familien machen es zusätzlich schwer. Diese Rahmenbedingungen und Erwartungen zusammen mit unserer Erziehung, mit frühen Erfahrungen in der Familie und mit der Sammlung alter Geschichten sind das, was sich »Kultur« nennt – ein tief ins Rückenmark eingekerbtes Muster von Verhaltens- und Denkweisen, das uns sagt, was »normal« ist, das uns ein Gefühl von Stimmigkeit, Geborgenheit und Heimat vermittelt oder, wenn die Kultur gegen den Strich gebürstet wird, von Unruhe und Unbehagen. Kultur ist ebenso mächtig wie schwer zu fassen. Im Zusammenspiel von Mann und Frau spielt sie eine nicht zu unterschätzende Rolle. Und sie ist nicht immer auf der Seite der Gerechtigkeit, denn ihre Wurzeln reichen tief in die Vergangenheit. Daraus folgen zwei Dinge. Erstens: Glauben Sie nicht alles, was Sie denken. Und zweitens: Es ist nie zu spät, Gerechtigkeit zu üben und einen regelmäßigen Gerechtigkeits-TÜV durchzuführen.

Glauben Sie nicht alles, was Sie denken!

Kulturelle Bequemlichkeit, die ungerechte Rollenverteilungen fortsetzt, ist nicht nur eine Lieblingsbeschäftigung von Männern. Alle tragen dazu bei. Und deshalb können auch alle dazu beitragen, etwas zu verändern. Zwei Beispiele unterschiedlicher Dramatik:

- Als stolzer Vater unserer ersten Tochter im Jahr 2000 habe ich getan, was ich konnte, um dabei zu sein. Mein Hauptbeitrag zur Geburt war, nicht in Ohnmacht zu fallen. Auch beim Stillen fiel mir allerhöchstens die Rolle eines neidischen Assistenten zu (wobei der Neid sich weniger auf das Stillen um 3 Uhr nachts konzentrierte). Bei anderen Aufgaben rund um das Kind konnte ich mehr beitragen, und immer mehr mit zunehmendem Alter – Wickeln, Baden, Füttern, Spielen, Herzen und Tragen (und noch später dann sogar Gespräche über den Sinn des Lebens). Wir haben uns dann zum Babyschwimmen angemeldet, und ich fand es selbstverständlich, dass meine Frau und ich uns abwechselten. Das Erlebnis selbst wurde mir allerdings zu einer Lehrstunde zum Thema »Geschlechterrollen«: Nicht nur, dass ich der einzige Mann und damit neben den vielen entzückenden Babys das zweite Zentrum der Aufmerksamkeit war – mit entsprechenden Kommentaren von »Das finde ich aber toll, dass du das machst« bis »Also, mein Mann muss um diese Zeit ja arbeiten« –, ich wurde auch im Umgang mit dem Kind auf merkwürdige Weise beäugt. Der Gipfel war eine kleine Schar von Frauen, die sich hinter mich stellten, als ich das Kind nach der Stunde wickelte und – nur halb scherzhaft – Dinge sagten wie: »Na, dann wollen wir doch mal sehen, ob er das kann.« Die Szene ist zwanzig Jahre her und war vielleicht damals auch schon ungewöhnlich, aber sie hat mich doch beeindruckt: Eine Gruppe von Frauen, von der alle mit Sicherheit jede Petition zur Gleichberechtigung von Mann und Frau unterschrieben hätten, tut alles, um dem einzigen Mann in ihrer Mitte verstehen zu geben, dass der Umgang mit Säuglingen eigentlich ihre Domäne ist. Ich hatte keine Lust, noch einmal hinzugehen. Wenn mir das schon in einer derart harmlosen Situation so geht, um wie viel mehr muss es einer Frau so gehen, die einen Beruf ergreift, der typischerweise von Männern ausgeübt wurde? Oder umgekehrt? Kultur zu verändern, geht nicht ohne Widerstände, selbst von denen, die sie eigentlich verändern wollen.

- Das zweite Beispiel hat mich deutlich mehr erschüttert, auch wenn es noch nicht einmal in meinem persönlichen Umfeld stattfindet. Ich berichtete schon im geschichtlichen Überblick von der Autobiografie »Wüstenblume« von Waris Dirie: In der somalischen Kultur, wie in vielen anderen, ist weibliche Genitalverstümmelung gang und gäbe. Millionen von Mädchen werden einem grausamen Ritual unterworfen, das ihre jungfräuliche Unberührtheit sichern soll, damit sie ehrenvoll (und zu einem guten Preis) ihrem zukünftigen Ehemann übergeben werden können. Für Männer gibt es keine entsprechenden Rituale. Das ist brutal und himmelschreiend ungerecht. Was mich aber am meisten erschüttert hat, ist, dass die Frauen dieses Ritual völlig unreflektiert fortsetzen, als Teil ihrer Kultur, als etwas, das zum Leben einfach dazugehört wie in anderen Kulturen ein Ständchen zum Geburtstag. Für die Frauen, die schneiden, und die Mütter, die ihre Töchter zur Verstümmelung begleiten, fühlt sich das gut und richtig an. Und die Männer sind ähnlich unbeteiligt wie in anderen Kulturen an den Schminkritualen der Frauen. Männer hierzulande sind selten Experten darin, wie ein Lidstrich gezogen wird, aber sie reagieren mehr oder weniger unbewusst darauf, ob und wie Frauen geschminkt sind. Die Männer tragen eine Kultur mit, die von den Frauen verwaltet wird.

Ich führe diese beiden Beispiele an, das Babyschwimmen und die Genitalverstümmelung, weil sie etwas gemeinsam haben: Es gibt nicht nur das offensichtliche Unrecht wie die ungleiche Bezahlung bei gleicher Arbeit für Frauen oder subtile Kündigungsdrohungen für Männer, die ihren Arbeitsvertrag wegen eines Kindes reduzieren wollen. Es gibt auch unzählige kulturell verwurzelte Ungerechtigkeiten, kleine und große, die dann weniger offensichtlich sind, wenn man sich in der entsprechenden Kultur befindet, weil sie sich, schleichend und farblich angepasst wie Chamäleons, im Dickicht des Normalen verstecken.

Die sichtbaren wie die unsichtbaren Ungerechtigkeiten sind unsere Aufgabe auf der Reise zum Mittelpunkt der Ehe, wenn Gerechtigkeit das Fundament bilden soll. Sie wollen benannt werden, auch wenn es unbequem ist, und es braucht alternative Verhaltensweisen, auch wenn sie sich zunächst ungewohnt anfühlen. Männer und Frauen sind gefordert, ihre Gewohnheiten zu hinterfragen und sich gegenseitig Raum für Veränderung zu geben.

Gerechtigkeits-TÜV!

Das Gute an traditionellen Rollenverteilungen ist ja, dass sie das Alltagsleben so viel einfacher machen. Es spart Kräfte, wenn in einer Familie nicht täglich neu ausgehandelt werden muss, wer sich um den Einkauf, die Wäsche, das Internet, das Familienfest oder die Steuererklärung kümmert. Auch eine Aufteilung davon, wer auf der einen Seite das Geld verdient und wer auf der anderen Haus und Hof verwaltet, kann (unter Umständen) praktisch sein. Das Gute ist auch, dass nicht jede Ungleichheit sofort eine Ungerechtigkeit ist. Gerechtigkeit als eine grundlegende Dimension der Ehe bedeutet also nicht, dass alles Herkömmliche in einer dramatischen Revolution über Bord geworfen werden muss.

Angesichts unserer kulturellen Blindflecken kommen wir aber um ein gewisses Training und einen regelmäßigen Gerechtigkeits-TÜV nicht drum herum. Was uns erwartet, sind Veränderungen, die sich auf Dauer gut anfühlen und das Leben reicher machen. Die Veränderungen der vergangenen hundert Jahre (wenige Generationen, mehr ist es ja kaum!) sind ermutigend: Frauen haben mehr und mehr erfahren können, wie erfüllend Ausbildung und Beruf sein können, Männer haben mehr und mehr erlebt, wie sich das Leben vertiefen kann, wenn man den Kindern nah ist und das Leben zu Hause mitgestaltet.

Deshalb lohnt es sich, Gerechtigkeit zu üben. Machen Sie mindestens alle zwei Jahre einen Check (wenn sich jemand unwohl fühlt, auch zwischendurch), gern auch mit einer Liste:

1. **Wer macht was?** Verteilen Sie gegebenenfalls die Alltagsaufgaben neu! Und wenn jemand eine Aufgabe neu übernimmt, ist es die Aufgabe des oder der anderen, in die zweite Reihe zu treten und zuzulassen, dass die Wäsche, das Essen, die Kinderbetreuung und die Pflege des Gartens auf unterschiedliche Weise erledigt werden können. Es wird sich zeigen, wem was wichtig ist, wer woran Spaß hat (oder dabei weniger Stress empfindet). Vereinbaren Sie Probezeiten und planen Sie höchstens mittelfristig!

2. **Wer hat wie viel Zeit für Weiterbildung und berufliches Engagement?** Wechseln Sie sich ab, machen Sie mittelfristige Pläne!
3. **Wie sind Freizeit und soziales Engagement verteilt? Wie viel Platz ist für Freundschaften?** Gehen Sie ruhig mal den Kalender des vergangenen Jahres durch und vergleichen Sie. Auf Dauer tut es einer Ehe gut, wenn beide Partner gut gepflegte Freundschaften haben.
4. **Wie sind Sie versichert, wie sehen Gesundheits- und Altersvorsorge aus? Wäre im Fall eines Todes, einer schweren Erkrankung oder einer Trennung jemand im Nachteil?** Planen Sie an dieser Stelle langfristig, auch wenn es im Trubel des Alltags unwichtig erscheint.

Gerechtigkeit macht nicht immer Spaß, aber sie lohnt sich immer. Sie ist eine Übungssache und braucht Pflege. Gerechtigkeit ist das Fundament der Ehe. Ohne sie ist der heilige Tempel der Liebe einsturzgefährdet.

Lassen Sie Gnade vor Recht ergehen!

Ohne Gerechtigkeit geht es also nicht. Ohne Gnade aber geht noch nicht einmal Gerechtigkeit. Denn die Gnade gibt Freiheit fürs Üben, Fehler-Machen und Neu-Anfangen. Die Umbrüche in unseren Bildern von Ehe und Familie, die wir seit hundert Jahren erleben, sind gewaltig und atemberaubend schnell, verglichen mit den kulturellen Verschiebungen oder gar evolutionären Veränderungen in den Jahrtausenden davor. Wenn wir von uns – oder noch schlimmer: voneinander – erwarten, innerhalb weniger Generationen genetisch und kulturell runderneuerte Menschen zu werden, endet das in heilloser Überforderung. Das Ergebnis sehen wir in manchen Talkshows: Menschen, die im Grunde gute Werte erhalten und/oder gute Veränderungen bewirken möchten, nehmen extreme, unversöhnliche Haltungen ein, verabschieden sich von einer konstruktiven Streitkultur und behindern so eine Entwicklung, die sie eigentlich fördern wollen.

OHNE GERECHTIGKEIT IST DER HEILIGE TEMPEL DER LIEBE EINSTURZGEFÄHRDET.

Was in Talkshows nicht geht, geht in Ehen auch nicht. Wenn wir gemeinsam um ein gerechteres Miteinander ringen, brauchen wir zunächst eben dies: ein Miteinander. Die Idee, dass Gerechtigkeit in der Ehe ein gutes, gemeinsames Ziel ist, ist der erste, wichtige Ausgangspunkt für zwei, die ihr Leben miteinander teilen wollen. Was im Gesetz ein starrer Rahmen ist, wird in der Ehe ein lebendiges Geben und Nehmen: »Was willst du, was will ich?«, »Wie teilen wir uns die Aufgaben des Alltags?«, »Was brauchst du, damit es dir gut geht, was brauche ich?« Das sind schwierige Fragen, und die Antworten sind auch nicht leicht. Aber es lohnt sich, sie immer wieder zu stellen und die Gerechtigkeit zwischen den zwei Menschen in einer Ehe immer wieder zu prüfen und zu verbessern. Es lohnt sich, Gerechtigkeit zu üben. Schon lange bevor die Gerechtigkeit perfekt ist, geschieht dann nämlich etwas Wunderbares: Aus dem Kampf zur Verteidigung der eigenen Rechte wird das Ringen um eine gemeinsame Gerechtigkeit. Zwei Menschen sorgen dafür, dass es beiden gut geht. So kämpft eine an der Seite des anderen und umgekehrt. Beides ist schwer: nehmen, was gut für mich ist, und geben, was die andere braucht. Geben und Nehmen miteinander zu üben heißt, Gerechtigkeit zu üben. Und allein schon das Üben lässt das Fundament der Ehe wachsen, sodass es für beide gut ist.

Theoretisch gibt es Gerechtigkeit, auch in der Ehe. Sie ist zusammengesetzt aus gleichen Rechten und dem Ausgleich von Unterschieden, sodass gleiche Möglichkeiten entstehen. Theoretisch sind die Unterschiede zwischen Männern und Frauen zu vernachlässigen – Statistiken der Persönlichkeitspsychologie etwa zeigen, dass die Ähnlichkeiten viel größer sind als die Unterschiede. Unser Alltag aber ist durchzogen von Vorstellungen und sprachlichen Ausdrücken, die die kleinen Unterschiede groß machen. So groß, dass wir oft übersehen, wie viel größer die individuellen Unterschiede zwischen zwei Ehepartnern sind – ganz unabhängig vom Geschlecht. Die Praxis der Gerechtigkeit ist deshalb die entscheidende Größe. Es gilt, über die eigenen Stereotypen und Rollenerwartungen hinauszugehen und mit dem Partner bzw. der Partnerin regelmäßig zu überprüfen: Geht es bei uns gerecht zu? Wie sind Zeit, Geld und Arbeit, wie sind Rechte und Pflichten verteilt? Wenn die Gerechtigkeit nicht gnadenlos wird, können hier beide lernen und gewinnen.

Briefe ohne Antwort IV

Gesendet: Samstag, 13. Juli 2019, um 21:58 Uhr
Von: »Maya Wegner« <maya@wegner.net>
An: »Joshua Wegner« <jw@connect-it.com>
Betreff: Paradiesische Lügen

Lieber Josch,
ich vermisse dich. Das willst du wahrscheinlich gar nicht hören. Vielleicht glaubst du es mir auch nicht nach allem, was gewesen ist. Und vielleicht willst du auch all das nicht hören, was ich dir jetzt schreibe – du hast es ja auch vorher nicht wirklich hören wollen. Zugegeben, meine Versuche, es dir zu sagen, waren kläglich. Aus Angst, dich zu verletzen, habe ich Wahrheiten in Andeutungen versteckt und in dicke Lagen freundlicher Worte verpackt, bis sie nicht mehr zu erkennen waren. Habe dir Worte wie Köder ausgelegt und mit mir selbst Lügen-Roulette gespielt: »Wenn er jetzt nachfragt, dann sag ich's!« Aber du hast nicht nachgefragt. Und ich habe das als deine Entscheidung gedeutet, es nicht wissen zu wollen. Ich weiß bis heute nicht, wie viel du geahnt oder gewusst hast. Und wer weiß: Wäre alles anders gekommen, vielleicht wäre es wirklich die bessere, die liebevollere Wahl gewesen, wenn nur ich an meinem Gewissen zu tragen hätte, aber nicht du auch noch an deinem Schmerz und deiner Enttäuschung. Hätte, könnte, wäre, würde.
Aber jetzt brennen all diese Worte in mir und müssen raus, durch meine Finger auf diese unmusikalische Tastatur, und ich kann nicht hören, wie du sie wohl hören wirst, kann sie nicht mit deinen Augen lesen. Und ich habe große Angst, dich noch mehr zu verletzen. Aber ich habe keine Wahl. Wenn ich die Worte in mir behalte, ersticke ich daran. Und mit dem Nicht-Sagen, den Schonungs-Entschuldigungen und Abwart-Aus-

flüchten habe ich ja auch keine guten Erfahrungen gemacht. Bitte, Josch, bevor du weiterliest, nimm einen dicken Schild und einen Helm, irgend so eine Rüstung wie deine Rollenspiel-Figuren sie benutzen, nimm einen magischen Stab, einen Schutzzauber, sodass dich meine Worte nicht treffen können. Damit du sie lesen kannst als die Beschreibung dessen, was in MIR passiert ist, nicht als Anklagen gegen dich.

Es war nämlich so: Eines Tages wachte ich auf und fühlte mich eingesperrt in unserem Alltag. Das kam nicht wirklich plötzlich, aber an einem Tag war eine Art Schwelle überschritten. Irgendwann begannen mich die Gespräche über den nächsten Urlaub zu langweilen, weil sie so vorhersagbar waren, die Tage, Wochen, Monate wirkten so abgestanden, sogar unsere Liebeserklärungen schmeckten wie aus der Konserve. Dabei haben wir uns ja beide Mühe gegeben, Sachen zu machen, Leute zu treffen. Das war es nicht. Und du warst es auch nicht. Deine klare, verlässliche, dankbare, genügsame, stabile Fröhlichkeit, die ich von Anfang an geliebt und gebraucht hatte, war immer noch da, immer, jeden Tag. Es waren vielleicht eher unsere Erwartungen an das Leben, an die Zukunft – alles wirkte so fertig. Besonders, als klar war, dass wir wohl wirklich keine Kinder bekommen würden. Du hast immer wieder von Dankbarkeit gesprochen, von all dem, was wir haben und was unser Leben ausmachen kann. Ich glaube, du wolltest mich trösten – obwohl ich ja gar nicht besonders traurig war. Es war ja nicht so, dass Mutter zu sein immer das höchste meiner Ziele gewesen ist. Die Vorstellung, eine freie Frau zu sein, hat mir auch gefallen. Aber dann habe ich mich gefragt, wohin diese Freiheit wohl führen würde, und gerade das Unvorstellbare hat mich gelockt: das Fremde, auch in mir selbst, der neue, unbekannte, zufällig schöne Klang, der Lebensjazz, Höhen und Tiefen. Das war für dich kein Thema – die neue Firma, die alten Freunde, die Gemeinde, die Familie – das war dir genug, und es war ja alles schon da. Unsere Zukunft: Mal wieder ein Spieleabend mit Susanne und Markus? Ich hab mitgespielt, weil mir auch nichts anderes einfiel. Wie denn auch? Ich lebe dieses Leben ja auch zum ersten Mal.

Ich habe mich manchmal gefragt, ob Adam und Eva sich im Paradies nicht schrecklich gelangweilt haben. Alles da, alles fertig, gut zu tun: den Garten pflegen, den Gott angelegt hat. Nichts mehr zu entdecken, nachdem Adam einmal allen Tieren und Pflanzen einen Namen gegeben hatte. Sie waren sogar nackt – auch da: keine Überraschungen, keine Spannung, keine Erotik. Höchstens Sex. Ich habe mich gefragt, ob Eva die Sache mit dem Apfel einfach deshalb angefangen hat, weil Eden so öde war. Ich, Eva, war auf der Suche, ohne dass ich es wusste. Bin herumgestreift in unserem altbekannten Garten. Unruhe im Körper, Watte im Kopf. Wo bist du, Adam? Bei der Arbeit. Am Rechner. Beim Spieleabend. Ich wusste weder, dass ich suchte, noch was. Deshalb war ich so überrascht, plötzlich etwas zu finden. Er stand da wie aus heiterem Himmel. Der Engel mit dem Schwert? Die Schlange mit dem Apfel? Robert. Ich weiß heute nicht mehr, was ich von ihm denken soll. Er ist viel kleiner geworden durch den Abstand, unbedeutender. Durch seine Flucht zurück zu seiner Familie ist er fast zu einer Figur in der Vergangenheit geworden. Lehrer an der deutschen Schule in Portugal, erst mal vier Jahre, dann sonst wo. Hier spielt er keine Rolle mehr. Und er weiß auch nicht, was er hinterlassen hat.

Es wäre zu einfach, ihn zu verteufeln. Ich kann verstehen, wenn DU das tust. Für dich muss es sein, als wäre er in dein Leben eingedrungen und hätte Verwüstung hinterlassen. Du sollst nicht begehren deines Nächsten Weib und alles was sein ist. Hätte er einen solchen Kompass dabeigehabt und sich nach ihm gerichtet, hätte sein Weg meinen wohl nicht gekreuzt. Ich hatte den Kompass dabei. Aber ich habe irgendwann nicht mehr draufgeguckt. Weil sich alles so gut angefühlt hat. Das habe ich jetzt begriffen (aber es macht die Sache nicht einfacher): Auch wenn

etwas nicht gut ist, ist es trotzdem nicht gleich falsch oder eine Lüge. Töne, die zusammen nicht klingen, können jeder für sich doch sehr schön sein. Geht das auch in der Informatik? Für sich betrachtet logische Programme, die gut funktionieren, und die den Rechner abstürzen lassen, wenn man sie gleichzeitig laufen lässt? Keine Ahnung.
Was ich sagen will: Ich fühlte mich mit einem Mal so lebendig, so verstanden. Und am Anfang war da ja auch noch gar nichts Verstecktes, keine Sünde in Sicht. Ein bisschen Flirt vielleicht, ein Witz, ein Blick – nichts, was sich messen oder festmachen ließe. Aber dann wurde es mehr und fühlte sich so gut an. Bei mir ist eine Warnlampe angegangen. Und zugleich ist eine Tür in mir aufgegangen, durch die die Gefühle frei ein und aus gehen konnten. Und sie kamen und gingen und brachten Geschenke mit: Gold, Weihrauch und Myrrhe. So fühlte es sich an. Und es war, als hätte es nichts mit dir zu tun. Ich habe dich und uns nicht infrage gestellt, ich habe dich nicht verlassen – ich habe etwas in mir gefunden, von dem ich vorher gar nicht gewusst hatte, dass ich es suche. Und Robert ging es wohl ganz ähnlich.
Vorhin habe ich die Matthäus-Passion gehört. Völlig unpassend im Sommer. Und doch so passend, dass ich Rotz und Wasser geheult habe. Oder »bittre Zähren«, wie es da heißt. Da war es plötzlich meine Geschichte: Petrus sagt zu Jesus: »Und wenn ich mit dir sterben müsste, so will ich dich nicht verleugnen« – Maya sagt zu Josch: »Bis dass der Tod uns scheidet, so will ich dich niemals hintergehen«. Und dann haben sie es doch dreimal getan, Petrus und Maya, im scheinbaren Schutz der Nacht, verleugnet und verraten, den einfachen Weg gewählt. Und der Hahn kräht unerbittlich, und sie weinen bitterlich. Sie haben beide die Liebe verraten, ihr großes Versprechen gebrochen.
Zu Anfang habe ich noch gedacht: »Ich kann nichts für das, was ich fühle. Ich kann aber bestimmen, was ich tue.« Aber das wurde zunehmend kom-

plizierter. Denn wo hört das Gefühl auf und wo fängt der Wille an? Wo sind die Übergänge zwischen Selbsterkenntnis, Bedürfnis, Gewissen und Verantwortung? War das nicht Paulus, der gesagt hat, dass wir so oft anders handeln, als wir fühlen und umgekehrt? Würde er mich verstehen? Petrus und Paulus – eigentlich bin ich nicht in schlechter Gesellschaft. Wie auch immer, es ging dann ja anders weiter, wie du weißt. Ich will dich nicht mit Details belasten. Es war nicht oft und doch zu oft. Robert und ich, wir haben uns über Monate immer wieder angenähert und wieder entfernt, aber konnten und wollten es nicht lassen. Sind uns ja auch dauernd über den Weg gelaufen. Mittagspausen, Konferenzen, Kollegiumsausflüge, Fortbildungen. Deine Aufträge in der Schweiz. Am Ende haben wir uns aus der Affäre gezogen, aber ich habe mich eben zuerst hinziehen lassen. Und die Folgen sind eindeutig. Ich will mich auch nicht aus der Verantwortung stehlen. Was immer mein Anteil ist, den muss und will und werde ich tragen, auch wenn ich nicht weiß, wie ich ihn ertragen soll.
Was ich, glaube ich, die ganze Zeit versuche zu sagen, ist: Auch in dem, was für dich so eindeutig und schlecht aussehen muss, ist manches, was sich für mich so mehrdeutig und gut angefühlt hat. Es war eben nicht alles nur Lüge und Sünde. Dass es dich verletzt hat, tut mir mehr leid, als ich sagen kann. Ich habe mir zu lange weismachen wollen, dass das nur meine Geschichte ist, die mit dir und uns eigentlich nichts zu tun hat. Manchmal frage ich mich, wen ich damit eigentlich mehr betrogen habe, dich oder mich selbst. Spätestens jetzt stecken wir beide mittendrin. Aber ist es auch eine Lüge, zu hoffen, dass auch in diesem ganzen Chaos etwas Gutes zu finden ist? Wir sind aus dem Paradies geflogen. Ich habe uns disqualifiziert. Gibt es da etwas, jenseits von Eden?
Maya
PS: Im Scan der Brief von Carsten (ein Freund deiner Eltern? Ich glaube, ich kenne ihn gar nicht richtig).

Liebe Maya, lieber Josch,
ich schreibe euch gern etwas für die Zukunft eurer Ehe, für die Tage und Jahre, wenn der Alltag bei euch eingezogen ist, wenn neben dem Liebesglück das durchschnittliche Glück und auch das durchschnittliche Unglück bei euch eingezogen sind und sich zunächst wie harmlose Staubflusen in den Ecken eures Lebens ansammeln, dann auch unter dem Bett und in euren Gesprächen. Wenn die Wirbel der Werktage und die ständig wachsenden Aufgaben, die Beförderung, die Klassenfahrt des Jüngsten, wenn all das so viel Platz einnimmt, dass euch gar nicht auffällt, wie ihr euch daran gewöhnt, dass ihr einander nicht mehr so lange in die Augen seht wie früher. Verzeiht, wenn das apokalyptisch klingt, aber Tobias hat sehr klargemacht, dass es um Ratschläge für Krisenzeiten geht, und da habe ich mal die klassische Krise gewählt – vielleicht fühlt ihr euch ja verstanden.
Und jetzt kommt mein Rat: Seht einander an!
Lasst mich das so erklären: Ich habe zwei Ehen erlebt, beide Male mit derselben Frau. Zweimal unglücklich, aber auf sehr unterschiedliche Weise, und das zweite Unglück war eine direkte Folge des ersten. Deshalb auch mein Rat.
In meiner ersten Ehe mit Sonja konnte sie es mir nie recht machen. Und jetzt spreche ich nicht von den Flitterwochen und der ersten Wohnung und der Eröffnung des Ladens und all den anderen Anfängen. Anfänge konnten wir immer gut. Es haperte eher danach, beim Weitermachen, besonders bei mir. Sobald unser Leben nicht mehr neu genug war, habe ich das Sonja angelastet. Zunächst in aller Stille, in einem unguten Gefühl, eine leichte Übelkeit im Herzen. Dann in Gedanken, manchmal sogar ausgesprochen gegenüber einem alten Freund, nach dem dritten Bier. In Sätzen, die beginnen mit »Also, ich würde doch niemals ...« oder: »Sie hat wieder mal nicht verstanden ...«. Dann auch Sonja gegenüber. Am Anfang mit einer hochgezogenen Augenbraue oder

einer präzise dosierten Verachtung in einem Nebensatz. Es war eine klassische Liebesvergiftung. Uns hätte nur ein Wunder vor der ebenso klassischen Entzündung retten können. Wir wären bestimmt daran zugrunde gegangen, wäre der Krebs uns nicht zuvorgekommen. Meine erst Ehe mit Sonja endete in dem verzweifelten Versuch, am Ende noch einmal das Steuer herumzureißen. Die gute alte Liebe wieder flottzumachen. Aber es ging alles so schnell. In einem fast sprachlosen Bereuen wollte ich für sie da sein, wollte am Ende ein guter Mann sein, so wie ich es vielleicht in den Anfängen gewesen war. Aber es zeigte sich, dass ich auch Abschlüsse nicht gut kann. Sonja war viel besser. Sie wurde milde, aber auch fern. Manchmal glaube ich, sie hätte mir meine Kaltherzigkeit noch verziehen, wenn sie etwas mehr Zeit bekommen hätte. Es fühlte sich an, als wären wir auf dem Weg dorthin.

Aber dann saß ich plötzlich in der ersten Reihe in der Kirche, unter dem Kreuz, vor dem Sarg, und der Tod hatte uns geschieden. Der Erlöser hoch unter dem Kirchendach hatte die Augen geschlossen. Hatte sie erlöst, von den Schmerzen, von mir, der ihr jahrelang alles vorenthalten hatte, was ich ihr einmal versprochen hatte: Liebe in guten und in schlechten Zeiten. In den guten und schlechten habe ich es wohl versucht, aber ich habe zu spät verstanden, dass die eigentliche Herausforderung all die Zeiten dazwischen sind, die das Versprechen mit umfasst. So saß ich da allein zwischen all ihren Freunden, allein mit all meinen Versäumnissen. Und dort, am Sarg, vor dem Altar, begann meine zweite Ehe mit Sonja. Die Ehe, um die ich seither trauere, die Ehe, die ich verhindert habe, um die ich sie betrogen habe. Seither bin ich verheiratet mit der Frau, die sie für mich hätte sein können, hätte ich sie nur mit anderen Augen angesehen. Hätte ich nicht auf all das gesehen, was sie mir nicht geben konnte oder wollte, sondern auf all das, was die Kraft hatte, uns zu verbinden. All die Fäden unserer Liebe, die ich habe liegen lassen, weil sie mir zu unscheinbar waren. Die Wollmäuse des Alltags, die sich zu einem

Band spinnen lassen, die ich aber nur als wertlosen Staub betrachtet habe: Sonjas beharrliches Festhalten am englischen Sonntagsfrühstück, ihr Widerwillen gegen Tanzfeste, ihre vergeblichen Versuche zu Stricken, ihre Sehnsucht nach Kroatien wegen eines einzigen Familienurlaubs als Kind. Nebensächliche Besonderheiten, über die ich mit ihren Freundinnen bei der Feier nach der Beerdigung reden konnte. Aber auch beiläufige Berührungen meiner Hand oder die Linie ihres Rückens nach dem Duschen, ihre Seufzer beim Einschlafen – Dinge, die zu lieben allein meine Aufgabe war.
Meine erste Ehe war unglücklich, weil sie voller Versäumnisse war. Die zweite ist voller Trauer. Inzwischen ist der Erlöser mir wieder nähergekommen, auch durch die Gespräche mit deinem Vater, Josch. Die Geschichten vom Himmelreich sind auch Geschichten voller Trauer, voller Versäumnisse und vertaner Liebe. Aber sie sind auch Geschichten von verschwenderischer Liebe, von überdauernder Liebe. Und meine Hoffnung ist, dass die Liebe, die ich verachtet habe, auch mich überdauert, sodass ich eines Tages zu ihr zurückfinden kann.
Euch beiden wünsche ich, dass ihr früher als ich entdeckt, zu welcher Liebe ihr miteinander berufen seid. Seht einander an, sucht eure Berufung im Alltäglichen – dort ist so viel Schönes!
Alles Liebe
Carsten

Liebe entfalten

Hans Jellouschek ist so etwas wie der Papst der Paartherapie. Seine Bücher und Seminare haben viele geprägt, die in der Paartherapie tätig sind. Und gerade weil sie auf so klare und einfühlsame Weise die verschiedensten Herausforderungen der Paarbeziehung beschreiben, seien sie allen empfohlen, die sich weiter mit Themen wie Eifersucht und Untreue[72], Älterwerden und Abschied[73] auseinandersetzen wollen oder einfach die Grundlagen der »Kunst, als Paar zu leben«[74] noch einmal nachlesen möchten. In diesem Kapitel bezieht sich einiges auf Jellouscheks Buch »Paartherapie. Damit die Liebe bleibt«, das besonders lesenswert ist, auch für Seelsorgende, die einen Einstieg in gute Paargespräche finden möchten.[75]

Die Jahreszeiten der Ehe und 1001 Ausnahmen

Ein Bild, das für die Beschreibung von lebenslangen Partnerschaften gern verwendet wird, ist das der Jahreszeiten: Im Frühling der Verliebtheit finden Paare zusammen, alles ist neu (und riecht gut), die Partnerschaft ist voller Zukunft. In den Augen älterer Menschen wirken solche jungen Paare manchmal auf rührende Weise weltfremd. Zugleich kann es inspirierend sein, wie verschwenderisch sich ein Leben planen lässt, in dem Platz für große Träume ist.

Im partnerschaftlichen Sommer stehen die Zeichen auf Produktivität. Kinder, Beruf und Wohlstand füllen die Zeit, und vor lauter Gegenwart wissen Paare oft gar nicht mehr, wo ihnen der Kopf steht. Das Sinnerleben kann sehr stark sein, aber manche vermissen die rosaroten Farben der Liebe, wenn aus den großen Träumen zuweilen etwas kleinere Wirklichkeiten werden – dass Liebe sich auch in graues Leinen kleiden kann, ist für manche eine Lernerfahrung.

Der Herbst einer Liebe ist dann die Zeit der Ernte. Die großen Lebenswerke sind vollbracht, Eltern werden vielleicht irgendwann Großeltern, im Beruf werden Leute für ihre Erfahrung geschätzt – Paare können sich in das Leben vertiefen und die Früchte genießen. Eine Herausforderung kann sein, sich als Paar etwas gemeinsames Drittes zu bewahren oder zu schaffen, sodass die Verbindung lebendig bleibt, z. B. ein gemeinsames Engagement. Eine andere, mit den körperlichen Veränderungen gut umzugehen, die das Alter mit sich bringt.

Danach kommt der Winter, der die Kunst des Abschieds fordert: des Abschieds der Einzelnen von Fähigkeiten, Freunden, Träumen, Aufgaben und vielem mehr, und des Abschieds voneinander, durch Krankheit und Tod. Zugleich birgt der Winter einer Liebesbeziehung die Chance, das Leben bis zuletzt mit Sinn und Liebe zu füllen und nicht nur der Vergangenheit Raum zu geben oder so zu tun, als wäre man eigentlich schon tot.

Viele Paare, die einigermaßen früh geheiratet haben und lange zusammen sind, können sich in dieser Metapher wiederfinden und ihr eigenes Erleben, ihre Freuden, Krisen und Lernaufgaben an den unterschiedlichen Jahreszeiten der Ehe festmachen. Für mindestens genauso viele funktioniert dieses Bild nicht. Der gesellschaftliche Klimawandel hat die Jahreszeiten aus dem Rhythmus gebracht, unsere vormals gemäßigten Breiten sind tropischer geworden: Es gibt alle Jahreszeiten gleichzeitig. Viele Paare gehen durch Zeiten von Trennung und Neuanfang. Patchwork- und Stieffamilien erleben, dass es mitten im Sommer, in einer Phase von Produktivität, einen neuen Frühling gibt, einen Anfang, und eine neue Zukunft, die geplant werden will –

DIE ÄUSSERE FORM DER EHE HAT SICH DERART GEWEITET, DASS DIE VIELFALT DER LIEBE DARIN BESSER PLATZ FINDET.

gern aber anders als zuvor, wenn Menschen versuchen, aus ihren Erfahrungen zu lernen. Andere finden einander spät oder verbinden sich neu nach dem Tod eines Partners. Wieder andere erleben, wie ein großer Altersunterschied dazu führt, dass die klassischen Muster nicht greifen, weil etwa die eine sich mit dem Ruhestand auseinandersetzen muss, während der andere sich noch um die Karriere kümmert, oder weil ältere Männer Väter werden.

All diese Formen von Partnerschaft, die vom klassischen Bild abweichen, brauchen eigene Formen der Liebe. Es wäre eine Verstümmelung der Idee der Ehe, sie nur auf Paare zu beziehen, die jung heiraten und gemeinsam alt werden und alle anderen als irgendwie falsch zu betrachten. Schauen Sie einmal auf Ihre eigene Ehe – wenn Sie denn überhaupt verheiratet sind: Passen Sie an allen Stellen ins klassische Muster? Oder befinden Sie sich vielleicht in mehreren Jahreszeiten zugleich? Wenn Sie verheiratet sind: Sind die Jahreszeiten der Ehe die beste Metapher für Ihre Ehe? Wenn nicht, dann ist nicht Ihre Ehe das Problem, sondern die Metapher! Machen Sie sich ruhig auf die Suche nach einem Bild, das Ihre Ehe besser beschreibt.

Manche mögen bedauern, dass Ehen nicht mehr so vorhersehbar sind wie noch vor hundert Jahren. Ich würde eher sagen, dass die äußere Form der Ehe sich derart geweitet hat, dass die Vielfalt der Liebe darin besser Platz findet. Und die vielen Paare, die einem mehr oder weniger klassischen Muster folgen, haben für ihre Liebe dadurch nicht weniger Platz. Im Gegenteil: Sie sind vielleicht sogar offener dafür, dass das Leben anders weitergehen könnte, als eine allzu feste Eheschablone es erwarten lässt. Denn das tut das Leben oft und fordert so die Liebe heraus.

Zwei Beispiele für Liebesgeschichten, die ich begleiten durfte. Sie passen nicht ganz in das herkömmliche Muster, verwirklichen aber dennoch vieles vom guten Kern der Ehe:

1. Ein Paar hat zusammengefunden, nachdem beide auf unterschiedliche Weise ihre Partner verloren hatten: er seine Frau an eine Krebserkrankung, sie ihren Mann an eine schwere psychische Störung, die ein weiteres gemeinsames Leben unmöglich machte. Beide lebten in verschiedenen Vierteln einer süddeutschen Großstadt, hatten Kinder in unterschiedlichem Alter mit sehr verschiedenen Bedürfnissen. Als Paar fanden sie beieinander Liebe, Unterstützung und mehr und mehr Zugehörigkeit. In den ersten Jahren der Beziehung haderten sie sehr mit dem passenden Modell und hatten auch sehr unterschiedliche Ehebilder vor Augen: Sie hatte die Ehe, sowohl ihre eigene als auch die ihrer Eltern, eher als eine einengende Verpflichtung erlebt, die in beiden Fällen nicht gut ausgegangen war, und wollte deshalb die neue Liebe nicht unter dasselbe Vorzeichen stellen. Er wiederum hatte die Ehe, sowohl seine eigene als auch die seiner Eltern, immer als eine Art Familien-Besiegelung verstanden, die dem Paar und den Kindern einen sicheren Bezugsrahmen gibt. Das wünschte er sich nun auch. Andererseits war deutlich, dass zumindest die Kinder in unterschiedlichen Rahmen lebten und eigene Räume brauchten. Die Lösung lag nicht auf der Hand, sondern entwickelte sich mit der Zeit. Je älter die Kinder wurden, desto mehr Raum gab es für das Paar und desto besser ließen sich gemeinsame Zeiten gestalten, im Urlaub und im Alltag. Während die Familienbezüge sich lockerten, wuchs das Paar mehr und mehr zusammen. Sie haben (noch) nicht geheiratet. Beide tragen aber einen Ring als Zeichen ihrer Verbundenheit als Paar und haben ein bewegliches Lebensmodell gefunden, das eine Art Mischung aus dem Leben zweier Alleinerziehender und einer Ehe ist. Auf jeden Fall ist es die Verwirklichung von partnerschaftlicher und elterlicher Liebe.

2. Ein anderes Paar, das ich in der Beratung kennengelernt habe, trug lange ein sehr kompliziertes Ehebild mit sich: Die Eltern beider waren so sehr in alten Rollenmustern verhaftet, dass ihre Ehen eher wie satirische Theateraufführungen wirkten als wie die liebevolle Beziehung zweier lebendiger Menschen. Viele ihrer Freundinnen und Freunde hatten geheiratet und sich in aufreibenden Prozessen wieder scheiden lassen. In die Beratung kamen die beiden eher vorbeugend, Konflikte machten ihnen Angst, weil sie schon so oft Zeugen unglücklicher Ausgänge geworden waren. Sie fanden immer wieder gute Wege miteinander, trotz schwieriger beruflicher Entscheidungen und herausfordernder Phasen mit den Kindern. Nach vielen Jahren traf ich sie wieder und war überrascht zu hören, dass sie gerade geheiratet hatten – die Kinder waren inzwischen fast erwachsen. Auf die Frage, was sie zu der Entscheidung gebracht hatte, sagten sie: »Nun haben wir so lange gut miteinander gelebt, da kann uns eine Ehe auch nichts mehr anhaben. Jetzt wissen wir, dass wir auch den Rest des Lebens zusammenbleiben – da wollten wir das auch öffentlich machen.«

Außerdem durfte ich viele Paare begleiten, die durch klassische Jahreszeiten der Ehe herausgefordert waren und ihrer Liebe auf dem Weg eine neue Form geben mussten: Junge Paare, die Eltern geworden waren und ihre Liebe nun etwas weniger hormonell und etwas mehr durch gut geteilte Verantwortung auszudrücken lernten. Paare im mittleren Alter, vom Alltag leicht abgenutzt, die neue Leidenschaft für das Leben suchten und fanden, jeweils für sich und miteinander. Ältere Paare, die sich mit vergangenen Konflikten oder mit unabwendbaren Veränderungen versöhnt hatten und in diesen Versöhnungen Liebe fanden. Jede gelungene Ehegeschichte ist eine eigene Geschichte, zusammengeflochten aus den Geschichten zweier Menschen, die aus ihren Vergangenheiten und ihren Wünschen für die Zukunft eine gemeinsame Gegenwart weben und so einen Ort schaffen für eben diese Liebe, die die beiden verbindet. Im Mittelpunkt der Ehe findet sich dann nicht nur Gerechtigkeit und ein faires Miteinander, sondern eine Liebe, die diese zwei Geschichten zu einer macht. So eine Liebe ist zugleich stark und zart, braucht Behutsamkeit und taugt als Werkstoff für den Alltag.

Ehemaligentreffen: Was die Ehe der Eltern bedeutet

Eine Herausforderung, die auch in den beiden Beispielen weiter oben schon anklang, ist die Ehe der eigenen Eltern. Gerade in einer sich rasch ändernden Zeit ist es nicht einfach damit getan, das Lebensmodell der Eltern zu wiederholen. Das gilt sogar dann, wenn deren Beziehung liebevoll ist und das Leben einigermaßen gelungen aussieht. Denn viele dieser harmonischen Ehen gründen auf einer Rollenverteilung zwischen Mann und Frau, die nicht ohne Weiteres übertragbar ist. Umso mehr gilt es, wenn die Mängel in der Beziehung der Eltern sehr offensichtlich sind, wenn die Ehe nicht gehalten hat oder sich das Modell auf andere Weise als nicht nachahmenswert herausgestellt hat. Das ist schon rein statistisch bei einer großen Anzahl von Ehen der Fall und stellt viele Menschen vor schwierige Fragen: »Kann ich es besser machen als meine Eltern? Wenn ja, wie?«, »Oder sollte ich es mit einem ganz anderen Modell als der Ehe versuchen? Aber mit welchem?«

FÜR MANCHE IST DIE EHE WIE EIN HAFEN, FÜR ANDERE WIE DIE OFFENE SEE.

Viele Paare sind in einer schwierigen Lage, weil sie ohne Vorbild sind. Ach, Hollywood taugt ja nur sehr bedingt dazu. Zugleich empfinden sie den Wunsch, sich miteinander zu verbinden, die Vorläufigkeit hinter sich zu lassen, die Zukunft mit einem Versprechen zu eröffnen, die Liebe unter einen Segen zu stellen (dazu kommen wir später noch) – zu heiraten. Wenn sie verheiratet sind, schwingt oft eine unausgesprochene Konkurrenz zu den Eltern mit (»Ihr werdet schon sehen, ich werde nicht die gleichen Fehler machen wie ihr«). Diese Abgrenzung von den Eltern ist kompliziert, weil auch der eigene, neue Versuch »Ehe« heißt – was also ist der Unterschied? Es wird noch komplizierter, wenn beide Partner sehr unterschiedliche Erfahrungen mit der Ehe der Eltern gemacht haben und damit ein unterschiedlich stark ausgeprägtes Urvertrauen in die Ehe mitbringen. Für manche ist die Ehe wie ein Hafen, für andere wie die offene See.

Was es braucht, ist der Beginn einer eigenen Geschichte. Ich habe Paare erlebt, die erst frei füreinander geworden sind, nachdem die Eltern gestorben waren. Oder zumindest so alt geworden waren, dass deren Erwartungen keine Rolle mehr spielten. Andere haben sich von solchen unguten Erwartungsmustern erst befreien können, nachdem ihre erste Ehe gescheitert war und sie nichts mehr beweisen mussten – sie hatten nämlich nicht die gleichen Fehler gemacht wie die Eltern, sondern ganz eigene. Wenn Ehen so lange brauchen, um auf einen guten Weg zu kommen, ist unterwegs oft viel unnötiges Leid entstanden.

Die Lösung liegt in der Anerkennung der eigenen Geschichte(n). Keine Ehe ist wie die andere, keine Liebe ist wie die andere. Paare sollten sich rechtzeitig fragen: »Wer sind wir, wie ist unsere Liebe und was bedeutet also unsere Ehe?« Die Antworten der beiden Partner können durchaus unterschiedlich ausfallen, auch wenn der Rahmen einer auf das Leben angelegten Partnerschaft der gleiche ist.

Was die Eltern betrifft, so hilft eine Mischung aus zwei biblischen Grundsätzen: »Vater und Mutter verlassen und sich neu zusammentun« (frei nach 1. Mose 2,24) und »Vater und […] Mutter ehren« (2. Mose 20,12b). Diese beiden Grundsätze bauen genau die Spannung auf, die es braucht, um der alten Form der Ehe einen eigenen Inhalt zu geben. »Vater und Mutter ehren« kann bedeuten, die Versuche der Eltern, auch die gescheiterten, anzuerkennen. Ihre Träume zu würdigen, auch wenn sie sich nicht erfüllt haben, die vielleicht schwierigen Rahmenbedingungen, die Vorgeschichten nicht zu übersehen, die die elterliche Ehe schwierig gemacht haben. Diese Anerkennung ist ein erster Schritt zur Vergebung. Was muss vergeben werden? In vielen Fällen ist es eben die Last der Erwartungen, mit denen junge Paare in die Ehe starten. »Vater und Mutter ehren« heißt in diesem Fall auch, den eigenen Ausgangspunkt im (ehelichen) Leben anzuerkennen. Einfacher ist dieses Ehren natürlich für Menschen, deren Eltern in vielem ein Vorbild waren, wenn sie liebevoll miteinander durch die verschiedenen Lebensphasen gegangen sind und es einigermaßen geschafft haben. Es ist einfacher, ein Vorbild in Ehren zu halten. Aber auch das Unvollkommene lässt sich ehren. »Vater und Mutter verlassen« wird aber wichtiger, wenn das Bild von Ehe belastet ist. Dann gilt es, den eigenen Ausgangspunkt, das eheliche Erbe der Eltern, anzuerkennen, aber den Weg von dort aus ganz unabhängig zu bestimmen.

Für beides, das Ehren und das Verlassen, ist es hilfreich, wenn Paare sich mit ihren Ursprungsfamilien auseinandersetzen. Viele Partnerschaftskurse haben diese Erzählungen als festen Bestandteil: »Wie war es bei dir zu Hause, wie war es bei mir?«, »Was für ein Bild von Ehe und Familie hast du geerbt, wie passt das zu meinem?« Diese Geschichten zu kennen ist die entscheidende Voraussetzung, um die Frage beantworten zu können, um die es eigentlich geht: »Wie soll unsere Ehe aussehen?«

Wie Schwesterchen und Brüderchen?

Die beiden Ursprungsfamilien genauer zu betrachten ist nicht nur wegen der Ehe der Eltern hilfreich. Auch die Geschwisterkonstellation kann eine wichtige Rolle spielen. Manche halten die Beziehungen unter Geschwistern sogar für noch prägender als die zwischen Eltern und Kindern.[76]

Es leuchtet ein: Wer etwa als jüngster Sohn die Familie so erlebt hat, dass alle anderen größer und lebenserfahrener waren und gern alles taten, um ein freundliches kleines Geschwisterchen zu verwöhnen, erwartet leichter auch in der neuen, eigenen Familie, dass die anderen (zuallererst die Ehefrau) Versorgung und Verantwortung übernehmen. Die älteste Tochter einer überforderten Mutter auf der anderen Seite kennt Familie nur als einen Ort, der nicht funktioniert, wenn sie nicht das meiste selbst in die Hand nimmt. Wenn nun ein jüngster Sohn und eine älteste Schwester heiraten, kann es leicht zu einer unreflektierten Verlängerung der Rollen kommen, die die beiden aus der Kindheit kennen. Und damit zu einer Schieflage, die der Liebe auf Dauer nicht guttut. Ähnliches gilt für die Verbindung von Einzelkindern mit solchen aus kinderreichen Familien, zwei diplomatisch begabten Mittel-Kindern, die vor lauter Friedensdiplomatie nicht gelernt haben, ihre eigene Meinung zu sagen, und so weiter: Die Geschwisterdynamik kann so prägend sein, dass sie in die Ehe hineinwirkt. Das muss gar nicht problematisch sein, aber es lohnt sich, sich über die eigenen Wurzeln und die der Partnerin bzw. des Partners klar zu werden, damit in der Ehe eine eigene Geschichte geschrieben werden kann.

Es gibt Liebe ohne Ehe. Das ist oft schön zu erleben, besonders dann, wenn im Kern der Beziehung Werte zu finden sind, die auch eine gute Ehe tragen: verbindliche Zuwendung, vergebende Freundlichkeit, geteiltes Leben. Beziehungen, die sich bewusst im Unverbindlichen halten, wirken aber manchmal auch eher wie die Garnitur zweier individueller Lebensentwürfe, die glücklicherweise gerade zusammenpassen. Neben der Liebe gibt es dort oft den kalten Hauch der Vorläufigkeit: Wir sind zusammen, solange das Glück bei uns wohnt – man weiß nie, wann es weiterzieht. Manche finden gerade diese Vorläufigkeit besonders ehrlich und sagen, dass es die Beziehung wachhält, wenn man nicht in der Illusion lebt, die Liebe festhalten zu können. Sie verweisen auf die lieblosen Beziehungen vieler Ehepaare, die nur noch aus Gewohnheit, aus Mangel an Alternativen oder – immerhin – wegen der Kinder zusammenleben.

Dieses Argument hat Gewicht, denn: Es gibt Ehen ohne Liebe. Und die sind fast noch schwerer zu ertragen als Beziehungen, die in absichtlicher Vorläufigkeit die Liebe fast wie ein Spiel darstellen. Ehen ohne Liebe widersprechen ihrem Grundgedanken, sind leere Hüllen. Sie wirken wie stillgelegte Bahnhöfe, die nur noch sinnlos Platz einnehmen, ohne Verbindung zur Umwelt. Wie Museen ehemaliger Gefühle und Verspechen – »Bitte nichts anfassen!«.

Eine Ehe ist kein Liebesersatz. Manche Paare, die heiraten oder gar Kinder in die Welt setzen, um ihre erlahmende Liebe auf ein neues Niveau zu retten, machen oft schmerzhaft die Erfahrung, dass das Gefühl der Beflügelung doch eher kurzlebig ist. Ehe und Liebe sind aber auf das Schönste verbunden, wenn die Liebe der Grund für die Ehe ist und die Ehe ein Grund dafür, der Liebe Raum zu geben. Das kann in sehr klassischer Weise geschehen, wenn die Jahreszeiten der Ehe wie im Lehrbuch aufeinander folgen. Und auch dann ist der Wechsel dieser Jahreszeiten Herausforderung genug. Oft ist es aber nicht so gradlinig, und die Liebe zweier Menschen braucht eigene Formen, um langfristig zu gedeihen und tragfähig zu bleiben. Die Ehe kann viele solcher Formen umschließen. Denn die Ehe soll der Liebe dienen, nicht umgekehrt.

Ähnlich wie andere große Kräfte des Lebens, die Zeit etwa oder der Glaube, ist die Liebe ebenso unaufhaltsam wie unerklärlich. Sie sucht sich die unterschiedlichsten Wege und ist wirksam wie Wasser, das einmal in tosender Brandung Felsen umspült und ein anderes Mal still durchs Gestein sickernd in tiefe Höhlen tropft. Ähnlich wie die Zeit oder der Glaube bleibt sie zuletzt unerklärlich.

Wer eine Uhr bis ins Kleinste auseinandernimmt, sieht die Einzelheiten der Zeitmessung, erlebt aber zugleich, dass die Uhr nicht mehr funktioniert. Und eine Erklärung dafür, warum dieselbe Uhr im Warteraum der Kfz-Zulassungsbehörde unerträglich langsam zu gehen scheint, während sie nur so dahinrast, wenn man versprochen hat, pünktlich zu Hause zu sein, findet sich dort auch nicht. Der Glaube lässt sich als psychologische Illusion beschreiben oder als kulturelles Phänomen – und doch kann er Berge versetzen, im Sterben trösten oder Kriege entfachen.

Ähnlich die Liebe: Sie kann biochemisch erklärt werden, etwa als Nebenprodukt der Evolution, als soziale Konstruktion – aber wer sie erlebt, kann von ihr aus der Bahn geworfen oder in der Bahn gehalten werden, je nachdem. Die Ehe ist kein Liebesersatz, sie ist auch nicht der einzige Ort, an dem Liebe gedeiht. Aber die Ehe ist im Kern ein Ort, an dem das Flüchtige und das Tragende der Liebe Platz findet, an dem die körperlichen und handfesten Elemente der Liebe sich mit ihren seelischen, unsichtbaren Teilen verbinden können.

Als Kind habe ich im Garten meiner Eltern den Schmetterlingsbaum (auch bekannt als Sommerflieder, Schmetterlingsstrauch etc.)

besonders geliebt. Schmetterlinge sind wunderschöne und zugleich verletzliche, scheue Wesen. Ihre Schönheit zeigt sich in der Freiheit. Schmetterlinge zu fangen, in Harz zu gießen oder auf Nadeln zu spießen, sind makabre Versuche, diese Schönheit festzuhalten, und sie gelingen nicht. Der Schmetterlingsbaum meiner Eltern aber hatte eine erstaunliche Anziehungskraft auf die Tiere, er wirkte wie ein Schönheitsmagnet: Dutzende verschiedenster Schmetterlinge tummelten sich auf seinen Blüten, ließen sich bewundern und beobachten. Manchmal, wenn ich mich still verhielt, landeten sie sogar auf meiner Hand. Eine gesunde Ehe verhält sich zu der Liebe wie der Baum zu den Schmetterlingen: Die Ehe lädt die Liebe ein, sie gibt ihr einen Ort und Nahrung. Wie ein Baum braucht zwar auch die Ehe ein wenig Pflege und guten Boden, allerdings: Auch die Pflanze meiner Eltern war erstaunlich widerstandsfähig. Ehen sind recht solide Gebilde. Die Ehe ist nicht dazu da, sich selbst zu pflegen. Die Aufgabe der Ehe ist es vielmehr, der Liebe in ihren vielfältig schillernden Farben und Formen ein Zuhause zu bieten. Was das konkret bedeuten kann, davon handeln die nächsten Abschnitte: Nähe und Distanz, Führen und Folgen, Geben und Nehmen, Sex und Zärtlichkeit, Sichmitteilen und Zuhören sind Elemente dieser ehelichen Gastfreundlichkeit, die die Liebe einlädt.

Klassische Lernfelder

Jede Ehe ist einzigartig. Zwei einzigartige Menschen tun sich zusammen mit ihren jeweiligen Persönlichkeiten, ihren Geschichten und Prägungen, es entsteht eine neue Lebensform, die es nur einmal auf der Welt gibt. Diese Form füllt sich wiederum mit neuen Geschichten, mit beruflichen und familiären, mit dem Auf und Ab der Gesellschaft, oft mit den wiederum einzigartigen Persönlichkeiten von Kindern, die dazukommen. Ein unvergleichliches, undurchdringliches Durcheinander von jeder Menge Miteinander. Angesichts all dieser Einzigartigkeit erscheint es passender, nicht nach Rezepten zu suchen, die jede Ehe, aber auch wirklich jede, zu einer glücklichen macht (wenn denn Glück überhaupt das Ziel ist), sondern sich zu fragen: »Zu welcher Art von Liebe fordert mich gerade meine Ehe heraus?«

DIE AUFGABE DER EHE IST ES, DER LIEBE IN IHREN VIELFÄLTIG SCHILLERNDEN FARBEN UND FORMEN EIN ZUHAUSE ZU BIETEN.

Dennoch gibt es klassische Lernfelder, die so oder so ähnlich für viele Ehen gelten und auf denen es viel zu entdecken gibt. Lesen Sie also die nächsten Abschnitte gern mit dem Hintergedanken, dass nicht alles für alle gleich bedeutsam ist und dass auch unterschiedliche Lebensphasen unterschiedliche Aufgaben mit sich bringen.

Nähe und Distanz – von der Kunst, liebevoll nebeneinanderher zu leben

In Paarbeziehungen gibt es alles, von vollständiger Symbiose bis zur dauerhaften Fernbeziehung. Es ist keinesfalls so, dass Nähe gut und Distanz schlecht wäre. Genauso wenig wie Nähe weiblich und Distanz männlich ist. Beide haben ihr Gutes und beide können in Überdosis schädlich sein, besonders, wenn die Bedürfnisse in der Partnerschaft auseinandergehen. Jeder Mensch hat ein eigenes Bedürfnis nach Nähe und Distanz, je nach Persönlichkeit und Prägung. Und dieses Bedürfnis verändert sich – je nach Lebensphase oder körperlicher und psychischer Gesundheit. Oder einfach je nach Tagesform. Nähe und Distanz sind wie Wellen am Strand und Ebbe und Flut: Wer nicht beständig auf dem Trockenen bleiben oder vollständig überspült werden will, sollte sich ein wenig auskennen.

Nähe stiftet Bindung. Nähe schafft Vertrautheit, hilft einander kennenzulernen und Veränderungen aneinander wahrzunehmen, die mit der Zeit eintreten. Nähe hat eine körperliche und eine seelische Seite, sie entsteht durch Berührung, gemeinsame Zeit und durch Fragen und Antworten. Einmal abgesehen von der Phase verliebter Verschmelzung, die es am Anfang mancher Paargeschichten gibt, ist Nähe allein aber kaum lebensfähig. Ohne den Wechsel zwischen Nähe und Distanz verschwindet der frische Blick aufeinander. Unmerklich verwandelt sich liebevolle Nähe in blinde Routine. Das ist ein psychologisches Phänomen: Im Prozess der Wahrnehmung werden bekannte Impulse ausgeblendet, neue erzeugen Aufmerksamkeit. Das ist ganz normal. Machen Sie den Selbstversuch: Wenn Sie in einer bekannten Umgebung sind, schließen Sie die Augen und versuchen Sie, sich Details aus dieser Umgebung zu vergegenwärtigen – welche Farbe hat die Vase auf der Kommode? Wie viele Fächer hat das Bücherregal? Die gleiche Übung funktioniert auch mit Menschen, die Sie täglich sehen, etwa in der Ehe: Was hat er oder sie heute an? Wie viele Falten an den Augen? Oft können wir diese Fragen nicht genau beantworten.

Vertrautheit und Routine sind ungleiche Schwestern. Sie sehen sich sehr ähnlich, sind aber doch im Kern verschieden: Während sich die Routine auf die äußeren Formen richtet, wohnt die Vertrautheit im Inneren. Ein gemeinsames Leben ist auf Dauer ohne Routine nicht möglich, wir brauchen Gewohnheiten und bekannte Abläufe, damit wir nicht jeden Tag neu erfinden müssen. Routine gehört also zur Schale der Ehe. Nähe aber ist eine Form der Liebe und damit gehört sie zum Kern der Ehe.

Damit die Nähe trotz der Routine lebendig bleibt, braucht es Distanz. Wenn zwei sich nach einer Zeit der Trennung wiedersehen, schauen (und fassen) sie einander neu an. Wer den anderen auf einem Fest einmal aus der Ferne beobachtet, sieht neue Züge. Wer sich mit anderen Menschen trifft, bringt neue Impulse mit nach Hause. Deshalb sind unabhängige Freundeskreise so wichtig: Mit vertrauten Menschen über die eigene Ehe zu sprechen, hilft, die

Partnerin bzw. den Partner nicht in den eigenen blinden Fleck einzusortieren, neben Kommode und Bücherregal. Besonders empfehlenswert ist hier, anderen gegenüber freundlich von ihr bzw. ihm zu sprechen: »Was ich an ihr besonders bewundere, ist …«, »Ich bin immer dankbar, wenn er …«. Das sind geradezu Liebeserklärungstrockenübungen in der Distanz, die zu Hause für Nähe sorgen können. Besonders, wenn sie ausgesprochen werden. Aber auch das Reden mit einer Freundin oder einem Freund über eigene Bedürfnisse und Schwierigkeiten ist hilfreich: »Was mir manchmal fehlt, ist …«, »Mir fällt es manchmal schwer, …«. Auch solche Sätze können Vorbereitungen für Gespräche innerhalb der Ehe sein, die neue Nähe herstellen. Oder einfach den Blick schärfen, auch auf sich selbst.

Die Kunst, liebevoll nebeneinanderher zu leben, ist die Kunst, mit Nähe und Distanz in der Ehe bewusst umzugehen. Einander Raum und Zeit für Eigenes zu lassen, für Freundschaften, (sinnlose) Hobbys, Eigenbrötelei und Gedankenverlorenheit – und sich diese Räume und Zeiten auch selbst zu gestatten. Und dann immer wieder Nähe herzustellen, die Routine zu durchbrechen: Erzählen Sie von einem unfertigen, persönlichen Gedanken. Stellen Sie aufrichtig neugierige Fragen und lassen Sie nicht so schnell locker: »Wie geht es dir eigentlich mit der neuen Aufgabe bei der Arbeit? Erklär mir das mal!«, »Neulich kamst du so beschwingt von dem Ausflug nach Hause – erzähl mal: Was war so schön?«, »Du wirkst oft nachdenklich in letzter Zeit – was geht dir durch den Kopf?«. Schauen Sie ein bisschen länger und genauer hin als üblich, berühren Sie den anderen bewusst. Stellen Sie Kontakt her. Nähe ist Liebe. Und Liebe gehört zum Kern der Ehe.

Führen und Folgen, Geben und Nehmen – von der Kunst, die Balance zu halten

Neben Nähe und Distanz beschreibt Hans Jellouschek eine weitere Kunst, die für das Leben als Paar wichtig ist: die Balance zwischen Führen und Folgen, Geben und Nehmen in der Beziehung. Gerade in langen Beziehungen ist das ein schwieriges Feld, weil die Grenzen zwischen einer passenden Rollenverteilung und einer schiefen Machtverteilung so fließend sind. Es gibt also eine große Schnittmenge zum Thema Gerechtigkeit, um das es bereits weiter vorn im Buch ging. Sie erinnern sich.

Vieles in diesem Bereich der Machtspiele und der emotionalen Kontoführung hat wohl mit Persönlichkeiten zu tun. Der eine ist großzügiger als die andere, die andere ist wiederum entscheidungsstärker als der eine. Da gilt es, ein Miteinander zu finden, in dem sich beide wohlfühlen, und das liegt meistens nicht bei einer exakten 50-Prozent-Verteilung.

Wie beim Thema von Nähe und Distanz sind auch hier eine Portion Aufmerksamkeit und offene Gespräche miteinander und im Freundeskreis hilfreich: Wer wählt den Urlaubsort und das Fernsehprogramm? Wer kümmert sich um soziale Kontakte, wer um die Steuererklärung? Wer beginnt Gespräche? Wer unterstützt wen wobei? Wenn bei einem regelmäßigen Balance-Check eine einigermaßen ausgewogene Verteilung herauskommt, mit der beide gut leben können, ist viel Gutes passiert. Und wenn sich die eine oder der andere beständig mit einer Schieflage unwohl fühlt, ist das ein guter Anlass für ein klärendes Gespräch und eine Veränderung. Oft sind es kleine Veränderungen, die einen großen Unterschied machen und viel angestaute Liebe freisetzen. Mein Rat als Paartherapeut: Suchen Sie das Gespräch möglichst früh und suchen Sie sich auch möglichst früh Unterstützung. Am besten, wenn es sich noch nicht dramatisch anfühlt. Es ist viel leichter, ein paar Möbel umzustellen, bevor die Hütte brennt. Ich kenne Paare, die zu regelmäßigen Update-Gesprächen in die Praxis kommen, ein- oder zweimal im Jahr, und sehr davon profitieren, dass sie durch offene Fragen und einen klaren Gesprächsrahmen vorbeugend über mögliche Herausforderungen in ihrem ehelichen Alltag sprechen. Andere nutzen Gesprächsgruppen oder Seminare in der Kirchengemeinde. Wiederum andere haben bestimmte Paar-Freundschaften, in denen sie sich immer wieder mal abgleichen. Wie auch immer: Gerechtigkeit macht Liebe.

Ungerechtigkeit hingegen, bewusst oder unbewusst, schadet. Hier lohnt sich eine kämpferische Haltung, und es braucht Verbündete in diesem Kampf. Frauen, die von ihren Männern bewusst klein gehalten werden, gibt es immer noch. Und sie haben es oft schwer, aus den Mustern der Abhängigkeit herauszukommen. Die Gründe dafür können vielfältig sein und reichen von psychischen Belastungen aus der Kindheit bis zu sehr handfesten finanziellen Nöten, körperlicher Gewalt oder sozialem Erwartungsdruck. Dass die machtausübenden Männer – in diesem Fall von Zwang – auch keine echte Liebe erleben, ist ebenso wenig ein Trost wie die Tatsache, dass es ähnlichen Machtmissbrauch auch von Frauen gegenüber Männern gibt. In all solchen Fällen gilt: Hilfe tut not. Es gibt sie in Familienberatungsstellen, in drastischeren Fällen bei Frauenhäusern oder bei der Polizei. Wenn Sie betroffen sind, zögern Sie nicht, diese Hilfe in Anspruch zu nehmen! Wenn Sie eine Person kennen, die in solchen schädlichen Beziehungen feststeckt, ermuntern Sie sie, sich Hilfe zu suchen, begleiten Sie sie, so weit es geht! Und geben Sie sie nicht auf, auch wenn es bisweilen so scheint, als würde sie selbst es tun. Rechnen Sie damit, einen langen Atem haben zu müssen; denn Abhängigkeitsmuster sind oft schwer zu verändern, und wer Macht hat, gibt sie ungern auf.

Mindestens ebenso schwer zu verändern sind die unbewussten Strukturen von Macht, eben weil sie nicht so offensichtlich sind, sondern sich als Gewohnheit, Tradition oder Selbstverständlichkeit verkleiden. Manchmal sogar als christliche Tugenden. Die Rolle der Frau in der Kirche und die kirchliche Haltung zur Gleichberechtigung in der Ehe sprechen eine deutliche Sprache: Solche Veränderungen dauern lange. Hier ist das eigene Gewissen gefragt: Welchen Traditionen folgen Sie in Ihrer Ehe? Und: Wollen Sie das so? Warum? Was sollen die tragenden Werte sein? Und: Sind sie auch wirklich tragend? Reden Sie miteinander und mit Leuten, die anders denken als Sie! Auf der Reise zum Mittelpunkt der Ehe gibt es viele Schätze zu heben. Ihre Ehegeschichte, Ihre eigene Reise zum Mittelpunkt Ihrer Ehe ist Teil der gesamten Expedition.

Sex haben oder Liebe machen?

Sexualität ist ein so weites Feld, dass dazu zu Recht bereits jede Menge Bücher veröffentlicht wurde. Und sie gehört – ebenso wie Nähe und Distanz und gute Kommunikation, auf die ich im nächsten Abschnitt eingehen werde – zu den klassischen Lernfeldern der Ehe.

Zum einen, weil die Bedürfnisse von Person zu Person so unterschiedlich sind (wie oft? wie zart? wie spontan?) oder weil sich diese Bedürfnisse im Laufe des Lebens sehr verändern können (Sex nach einer Party ist etwas anderes als Sex nach einer Schwangerschaft oder nach einem harten Arbeitstag – und wenn man das Wort »nach« mit dem Wort »während« austauscht, erweitert sich die Bandbreite der Erlebnisse noch einmal erheblich). All diese Unterschiede brauchen – wie andere Unterschiede auch – ein gutes Gespür und Freundlichkeit für sich selbst, um erst einmal zu verstehen und zu akzeptieren, was die eigenen Bedürfnisse sind, und Offenheit für die Andersartigkeit des Gegenübers. »Was ist schöner Sex für mich? Und was ist schöner Sex für dich?« sind dabei Fragen, die deutlich weiterführen als Fragen wie »Wie oft schlafen glückliche Ehepaare miteinander?« oder: »Wie unterscheidet sich männliche und weibliche Sexualität?«. Es geht vielmehr darum, dass sich zwei Menschen auf intimster Ebene begegnen, so wie sie eben sind – voller Begierde oder langsam zu begeistern, spontan oder vorsichtig. Die Kunst ist, diese Unterschiedlichkeiten zu balancieren.

Hier gilt: Wenn eine Idee der Ehe ist, Sex mit einem anderen Menschen zu teilen und eben nicht mit allen anderen, dann sind Durchschnittswerte völlig unerheblich! Eine kleine Übung für Sie, sollten Sie gelegentlich mit Ihrer Unterschiedlichkeit hadern: Stellen Sie sich Ihre Sexualität und die Ihrer Partnerin bzw. Ihres Partners jeweils als ein Tier vor – welches passt am besten: Schnecke, Tiger, Gecko, Pfau? Und dann stellen sie sich vor, wie diese beiden Tiere es miteinander versuchen. Die Vorstellung allein ist oft geeignet, die gemeinsamen Bemühungen um eine erfüllte Sexualität mit genügend Humor zu würzen, um den Spielraum zu erweitern.

Es gibt aber noch einen anderen Grund dafür, warum Sexualität zu den klassischen Lernfeldern der Ehe gehört. In ihr kann sich die Liebe auf besonders schöne Weise verwirklichen. Sie kann ohne Worte unter die Haut gehen, sie kann zärtlicher Zuwendung, Sehnsucht und Hingabe auf ganz einfache Art Raum geben, kann Paaren auch in schwierigen Zeiten Augenblicke schenken, gemeinsam das Geschenk von Körper und Seele zu genießen. Angewandte Psychosomatik. Die Kunst der Sexualität liegt weniger in der Stellung, vielmehr in der Haltung: Geht es darum, Sex zu haben oder Liebe zu machen? Also: Geht es darum, dass der oder die Einzelne auf seine oder ihre Kosten kommt (bei der Verbindung von »Kosten« und »Sex« kommen zu Recht ganz andere Assoziationen ins Spiel) oder geht es darum,

DIE KUNST DER SEXUALITÄT LIEGT WENIGER IN DER STELLUNG, VIELMEHR IN DER HALTUNG.

einander liebevoll zu begegnen – eben auch körperlich? Auf die Spitze getrieben: Ein Paar, das sehr unterschiedliche sexuelle Bedürfnisse hat, den aktuellen Schönheitsidealen kaum entspricht und dem es gelegentlich gelingt, sich in der kleinen Schnittmenge ihrer Eigenarten mit Freude zu begegnen, macht mehr Liebe als zwei Hochglanzkörper, die einander in einer Art Double-Ego-Shooter-Spiel andauernd zum Höhepunkt verhelfen. Sich dem Gegenüber zu schenken, kann ebenso liebevoll sein wie die oder den anderen in Ruhe zu lassen oder sie oder ihn mit freundlicher Hartnäckigkeit zur Liebe zu locken – je nachdem. Und zwischen Sex haben und Liebe machen zwischen Double-Ego-Shooter und intimer körperlicher Begegnung gibt es noch jede Menge Spielraum. Die Aufmerksamkeit füreinander und für die eigenen Wünsche und Grenzen ist der Kern auch dieses Teils der Ehe.

Reden, reden, reden!

Kein Buch von einem Psychologen ohne wenigstens ein kleines Kapitel über Kommunikation. Sie ist die Machete im Dickicht der Beziehungen, die Saat im Boden der Emotionen, das Pflaster auf den Wunden der Seele. Reden hilft. Die Regeln sind einfach, sie zu halten ist schwer. Kommunikation braucht Übung – immer wieder. Und Mut – auch immer wieder.

1. **Hören Sie wirklich zu!**
   Geben Sie, wenigstens einmal am Tag, dem Menschen, den sie lieben wollen, mehr Raum als sich selbst. Treten Sie einen Schritt zurück und seien Sie absichtlich neugierig: »Wie geht es dir?«, »Was bedeutet diese Geschichte für dich?«, »Worüber freust du dich?«, »Was ärgert dich?«, »Was wünschst du dir?« – all das sind einfache Fragen. Die Antworten werden bedeutsam, wenn sie ein wenig Raum bekommen und

nicht gleich von Verteidigungen, eigenen Geschichten oder Kommentaren zurückgedrängt werden. Unterbrechungen sind erlaubt, wenn sie der Vertiefung dienen: »Was meinst du damit genau?«, »Kannst du mir das mit einem Beispiel erklären?«. 10 Minuten Zuhören am Tag wirken Wunder!

2. **Zeigen Sie etwas von sich!**
   Nehmen Sie Abstand von Prinzipien, Bewertungen, Verurteilungen und üben Sie sich in Beschreibungen Ihrer selbst, so, als wäre der Mensch, der Sie lieben will, Ihr Tagebuch: »Heute war ich irgendwie einsam, ich weiß auch nicht warum.«, »Ich freue mich so sehr auf die Ferien.«, »Neulich bei der Arbeit kam ich mir vor wie der letzte Mensch.« All das kann der Anfang eines guten Gesprächs sein. Achten Sie darauf, ob Ihr Gegenüber auf Empfang ist. Wenn nicht, suchen Sie zuerst Kontakt: »Ich würde dir gern von der Arbeit erzählen – hast du Zeit?« Und wenn Ihr Gegenüber kein Profi ist, helfen Sie gern auch ein bisschen beim Zuhören: »Kannst du damit etwas anfangen? Verstehst du, was ich meine?«

KOMMUNIKATION IST DIE MACHETE IM DICKICHT DER BEZIEHUNGEN, DIE SAAT IM BODEN DER EMOTIONEN, DAS PFLASTER AUF DEN WUNDEN DER SEELE.

Gelegentliche gelungene Kommunikation kann auch lange Ehen lebendig halten, denn sie macht das Gute im Miteinander sichtbar und gibt Veränderungen Raum. Paare, die sich eine gesunde Kommunikationskultur angewöhnen, haben es leichter, lösen Spannungen, finden gemeinsame Wege. Und machen die Liebe erst hörbar, dann spürbar.

Natürlich gelingt Kommunikation oft auch nicht, vieles steht dann im Weg, meist der Alltag und das hektische Stolpern durch den

Nebel der eigenen Gefühle. Macht aber nichts: eine Lichtung dann und wann reicht, um nicht einsam im Nebel zu wandern, sondern gemeinsam die Richtung zu halten. Und dann gibt es ja auch noch Freund*innen, die beim Reden helfen, und Profis, die auch durch ernste kommunikative Unwetter lotsen können.[77]

Liebe ist vielfältig. Liebe kommt oft etwas zerknautscht daher. Liebe verbirgt sich in den Falten des Alltags. Es lohnt sich daher auf vielerlei Weise, Liebe zu entfalten.

Je nach Ehe kann das unterschiedlich aussehen: Manche beginnen am besten mit dem Entfalten der eigenen Geschichte, um das Verständnis für die eigenen Ecken und Kanten zu erhöhen und die Macken des Gegenübers leichter ertragen zu können. Andere konzentrieren sich auf die Kommunikation und bauen an einer besseren Zuhör-Kultur. Wieder anderen tut es gut, sich über Nähe und Distanz zu verständigen oder körperlich locker zu lassen. Und sehr oft finden die Entfaltungen der Liebe auf vielen Ebenen zugleich statt.

Das Modell der Liebe als eine gesunde Mischung aus Partnerschaft, Freundschaft und Leidenschaft, das ich im Buch »Der Bullerbü-Komplex – und die Kunst, es gut sein zu lassen« beschrieben habe, kann auch hier als Fazit dienen: Die Liebe, die hundertprozentig fair ist (Partnerschaft), hundertprozentig nah und verständnisvoll (Freundschaft) und hundertprozentig voller seelischer und körperlicher Begeisterung (Leidenschaft), gibt es nicht. Ich schlage vor, die hundertprozentige Liebe als eine Summe zu verstehen, die – je nach Ehe – zu etwa je einem Drittel aus Partnerschaft, Freundschaft und Leidenschaft besteht, gern mit viel Beweglichkeit in den Prozentanteilen. Auf diese Weise ist es sogar recht leicht möglich, über 100 Prozent zu kommen. Und die Gefahr des emotionalen Erstickungstodes durch überhöhte Erwartungen ist deutlich geringer.[78]

Briefe ohne Antwort V

Gesendet: Freitag, 19. Juli 2019, um 09:24 Uhr
Von: »Maya Wegner« <maya@wegner.net>
An: »Joshua Wegner« <jw@connect-it.com>
Betreff: Unglückliche Umstände

Josch,
als ich klein war, habe ich abends oft den Himmel angeguckt, von meinem Kinderzimmer aus. Manchmal war der ganze Horizont von einer schwarzen Wolke bedeckt, die langsam größer wurde. Es war, als würde die Nacht heraufziehen wie eine Decke, die sich die Welt über den Kopf zieht. Ich bin dann unter meine eigene Decke gekrochen und habe mich versteckt vor dem ganzen Krach des Tages, vor dem Zerren meiner Eltern aneinander und an mir. Wollte alles zum Schweigen bringen, wollte raus aus den Tagen, an denen ich alles retten wollte und es doch nur falsch machen konnte. An denen ich Mama und Papa retten musste, damit meine Welt nicht untergeht, an denen ich entscheiden musste, wer von beiden recht hat. Ein kleines Mädchen, Richterin und Retterin der ganzen Welt. Ich habe mich unter der Decke versteckt und fand es tröstlich, dass die ganze Welt, die ich zu retten hatte, unter ihrer Wolkendecke das Gleiche tat.
Jetzt ist es wieder so. Ich flüchte unter die Decke, will mich verstecken, will vergessen. Aber diesen Ort gibt es nicht. Unter der Decke finde ich nur Schlaflosigkeit und Selbstanklage. Die Nacht ist voller Stimmen, die mich verurteilen. Dazwischen die Stimmen meiner Sehnsucht, die Stimmen deiner Schmerzen, die alte, dröhnende Stimme Gottes und dann und wann auch, leise, eine andere: »Kommt her zu mir alle, die ihr mühsam

und beladen seid.« – »Wenn ihr reinen Herzens seid!« – dröhnt es wieder dazwischen. Ein chaotischer Chor ohne Dirigentin.
Wahrscheinlich ist der Unterschied zwischen der schützenden Vergessensdecke meiner Kindheit und dem löchrigen Laken von heute, dass alles Bedrohliche damals außen lag. Meine Eltern, der Tag, die Schule, der Krach – alles blieb draußen, wenn ich unter meine Decke kroch. Jetzt liegt es in mir selbst. Die Erinnerungen, die Schuld. Und das Kind.
O mein Gott, das Kind.
Über Jahre habe ich es mal herbeigesehnt, mal vergessen, dann wieder gehofft. Monat für Monat die Hoffnung herausgeblutet, jedes Mal eine Wunde. Und jetzt ist das Kind als ein Richter zu mir gekommen. Und wohl zugleich als Opfer, denn es muss ja wohl mit mir groß werden. Es hat ans Licht gebracht, was ich verstecken wollte. Ich trage meine Verurteilung in mir, und sie wächst. Inga sagt, dass ich von Glück reden kann, dass es mir so gut geht. Keine Übelkeit, kein Schwindel, keine Schmerzen. »Alles bestens«, hat auch die Frauenärztin gesagt.
Als ich anfing zu weinen, hat sie das zurückgenommen und umgeschaltet auf professionell-empathisch. Es ist noch früh, es sei noch Zeit. Ich könne mich auch noch für einen Abbruch entscheiden. Völlig absurd. So als würde die Anwältin der Angeklagten sagen: »Wenn sie wollen, können sie das Opfer noch erschießen. Oder den Richter. Dann ist das Verfahren hier vorbei.« Inga hat das auch gesagt, aber ihre Geschichte war auch eine ganz andere. Ich habe diese Wahl nur theoretisch. Praktisch bin ich eingezwängt zwischen dem Leben des Kindes und meinem eigenen, und mir fehlt die Luft zum Atmen. Ausnahmsweise bin ich mir hier mal sicher, dass wir uns einig sind, Josch. Selbst wenn es für dich vielleicht einfacher wäre, das Kind ungeschehen zu machen, glaube ich keine Sekunde, dass du einen Abbruch wollen würdest. Und sei es auch nur, weil dein innerer Kompass zu stark ist.

Was soll denn nun werden? Das Kind wird werden, unaufhaltsam. Auch wenn seine Mutter in unglücklichen Umständen ist. Vielleicht ist es meine Aufgabe in diesem Leben, meine eigenen unglücklichen Umstände möglichst von dem Kind fernzuhalten. Irgendwie mag es gehen. Immerhin habe ich eine Arbeit. Elternzeit, Teilzeit, alles möglich. Vielleicht ist sogar ein bisschen Glück drin, auf Dauer. Kein Märchen, aber vielleicht auch kein Albtraum.

Aber unsere Liebe, Josch, ist ein Trümmerfeld. Wie wird das weitergehen? Ein vaterloses Kind, die Mutter eine seelische Trümmerfrau. Und du? Auf dem Schlachtfeld geblieben? Kriegsversehrt?

Dass das Kind rechtlich deines ist, wenn es in unsere Ehe hineingeboren wird, macht da keinen Unterschied. Könnte es je deines werden, von Herzen?

Ratlos,

Maya

PS: Der letzte Brief, unten in der Kiste, ist von Tobias. Ich lese ihn vielleicht später noch. Dann schicke ich ihn dir nach.

Das Heilige suchen

Gerechtigkeit und Liebe, die Überschriften der vorherigen beiden Abschnitte in diesem Buch, sind schon große Worte. Gerechtigkeit in der Ehe zu üben, Liebe in der Ehe zu entfalten, sind Aufgaben, die nie ein Ende finden.

Viele mögen vielleicht meinen, dass der Kern der Ehe, wenn es denn einen gibt, mit Gerechtigkeit und Liebe schon hinreichend beschrieben wäre. Braucht es überhaupt noch eine dritte Dimension? Oder ist das nur das zwanghafte Bedürfnis eines dreieinigkeitsverliebten Autors, der es nicht ertragen kann, wenn nach »Vater« (Gerechtigkeit) und »Sohn« (Liebe) nicht auch noch der Heilige Geist angerufen wird? Vielleicht ist das so. Ich glaube dennoch, dass sich gerade dieser letzte Teil lohnt. Bleiben Sie also, wenn Sie noch mögen, mit mir zusammen auf der Reise zum Kern der Ehe, gern auch als skeptische Reisebegleitung – vielleicht ist ja doch noch etwas Wichtiges zu finden?

Dieser letzte Teil der Reise hat mehrere Stationen: Zuerst versuchen wir uns zu verständigen, was wir überhaupt suchen. Was in aller Welt ist das Heilige? Danach besuchen wir verschiedene Verkörperungen dieses Heiligen in der Ehe: die Liebe (noch einmal, diesmal als etwas Göttliches), das Bild Gottes (was auch immer das ist) in mir selbst und in dem oder der anderen, das Phänomen des Segens und die Liebe als Berufung. Aber fangen wir vorn an: Was ist das Heilige?

Das Unantastbare, Unverfügbare, Geheimnisvolle

Das Heilige ist noch viel weniger fassbar als Gerechtigkeit und Liebe. Manche wissen noch nicht einmal, ob es so etwas überhaupt gibt. Vielleicht ist es ja nur eine fixe Idee, ein archaisches Überbleibsel in der menschlichen Psyche, ein Steinzeitreflex, ein Zucken der Seele angesichts des Unerklärlichen – und mal ehrlich: Gibt es denn die Seele überhaupt? Seit dem großen Zeitalter der Aufklärung ist alles erklärbar geworden, die Welt wurde entzaubert und verwissenschaftlicht – und wir alle profitieren davon: Vom Wirken eines Virus in einer Zelle bis zum globalen Zusammenspiel der Weltwirtschaft, alles ist mehr oder weniger handhabbar, und wenn auch nicht das, so doch zumindest verständlich. Dämonen und Hexen sind für die Erklärung der Welt nicht mehr nötig, wir verzichten auf Brandopfer für die Göttin der Fruchtbarkeit, greifen lieber zum Düngemittel. Ist das Heilige da nicht überflüssig geworden?

In der Tat ist die Suche nach dem heiligen Kern der Ehe ein besonders schwieriger Teil der Expedition, sodass wir auch andere Hilfsmittel brauchen als auf den vorherigen Abschnitten der Reise. Die Suche nach der Gerechtigkeit glich da eher einer Ausgrabung, in der das historische Rollenspiel zwischen Mann und Frau Schicht für Schicht freigelegt werden konnte. Die Suche nach der Liebe hatte etwas von der Erforschung eines Ökosystems, in dem verschiedene Faktoren in einem dynamischen Gleichgewicht zusammenspielen und es die Aufgabe ist, dieses Gleichgewicht zu bewahren bzw. Bedingungen zu schaffen, in denen es sich wieder einstellen kann.

Die Suche nach dem Heiligen ist da anders. Sie ist vergleichbar mit dem Versuch, einen seltenen, scheuen Vogel im Wald zu beobachten: still sein und aufmerksam warten, das sind die beiden wichtigsten Schlüssel zum Erfolg – und auch dann gehört immer noch eine gute Portion Glück dazu, wenn man den Vogel wirklich zu Gesicht bekommen möchte. Mancher kommt aus dem Wald zurück, ohne ihn gesehen zu haben – das kann man niemandem vorwerfen. Manche berichtet davon, ihn zwitschern gehört zu haben. Wieder andere meinen, es gebe ihn nicht. Und manche gehen erst gar nicht in den Wald. Auf diese Weise lässt sich natürlich am eindrücklichsten bestätigen, dass es ihn wirklich nicht gibt.

Für mich aber verändert sich die Bedeutung eines Waldes allein durch die Behauptung, dass in ihm ein seltener Vogel lebt. Berichte von Menschen, die ihn gesehen haben, faszinieren mich. Und seit ich ihn einmal auf einem Ast habe sitzen sehen und ein anderes Mal seinen Gesang von ferne gehört habe, sind auch Waldausflüge etwas Besonderes, in denen ich ihn nicht zu sehen bekomme. Die Ahnung, dass auch der Ehe etwas Heiliges innewohnen könnte, macht einen Unterschied, der mich immerhin dazu bringt, einen Augenblick still zu sein und zu warten, ob es sich mir nicht zeigt.

Tiefe Wurzeln

Seit Urzeiten beschäftigen sich die Menschen mit dem Heiligen. Die Religionen sind voll von heiligen Orten, heiligen Gegenständen, heiligen Handlungen, heiligen Schriften und heiligen Vätern. Im Hinduismus, der ältesten der Weltreligionen, gibt es noch heute lebendige Spuren dieses ursprünglichen Denkens: Gläubige beten heilige Flüsse an und baden in ihnen, ungeachtet der Umweltverschmutzung.[79] Das mittelalterliche Christentum war voll von Reliquien, heiligen Gegenständen, die oft mit Jesus selbst in Verbindung gebracht wurden – das reicht von so skurrilen Dingen wie einer Flasche mit dem Atem Jesu bis zur Verehrung seiner Vorhaut.[80] Es scheint ein menschliches Urbedürfnis zu sein, das Heilige greifbar zu machen.

Die Religionsgeschichte gibt uns aber einen wichtigen Hinweis: In frühen Religionen wurden den Orten, Gegenständen und Personen selbst heilige Eigenschaften zugesprochen. Götterbilder wurden angebetet, Opfer dargebracht. Götter und Menschen bevölkerten dieselbe Welt und die Menschen versuchten, die Götter gnädig zu stimmen. Im Jahrtausend vor Christus aber begann eine entscheidende Verschiebung im Gefüge der Glaubenswelten, eine Art geistliche Plattentektonik: Die Götter wurden in der Vorstellung der Menschen größer. Und sie wurden weniger, es gab nicht mehr einen Gott oder eine Göttin für jeden Bereich des Lebens – die Geburtsstunde des Monotheismus. Von dem einen »Weltenschöpfer« wurde gesprochen, dem Einen, dem Allheiligen.[81] Gott ist aus der konkreten Welt heraus in eine höhere Ebene gerückt, die Menschen sind mit sich selbst, den Herausforderungen des Lebens und ihrem problematischen Inneren allein geblieben. Aber eben nicht ganz allein, denn es entstand eine Brücke zwischen dem Diesseits und dem Jenseits, ein Bewusstsein für das Transzendente, ein Sinn für das Heilige. Die Menschen streckten sich nach dem Höheren, dem Unverfügbaren. Und das hatte weitreichende Folgen in der Philosophie, in Bildung und Technik und in der Politik.

Karl Jaspers beschreibt diese Wendung als »Achsenzeit«[82], eine Achse, um die sich die Weltgeschichte dreht. Vor hundert Jahren hat der Soziologe Max Weber gemeint, dass die Zeit des Heiligen nun vorbei sei, die Welt werde mehr und mehr entzaubert, der rationale Geist ersetze das magische Denken, in den Einzelnen und in der Gesellschaft.[83] Und in der Tat gibt ihm der Niedergang der organisierten Religion (zumindest im wissenschafts-fortschrittlichen Westen der Welt) Recht. Seither meinten viele, das Heilige hätte ausgedient und die Menschen würden nicht nur scharenweise aus der Kirche, sondern auch aus dem Glauben austreten. Es hat sich aber herausgestellt, dass das nicht stimmt.

Niemand kann aus der Frage nach dem Sinn des Lebens einfach austreten. Alle glauben an irgendetwas. Und das ist nicht nur eine oberflächliche Reaktion einer Pippi Langstrumpf im spirituellen Supermarkt: »Ich mach mir die Welt, widdewidde wie sie mir gefällt.« Die meisten Menschen suchen nach Antworten auf tiefe Fragen und finden sie auch – in der achtsamen Begegnung mit der Natur, in der meditativen Selbstversenkung, in einem bewussten Umgang mit dem Körper. Dem zugrunde liegen Ideen von der Heiligkeit des Lebens, des Augenblicks oder der Verbindung des Körpers mit dem Rest der Welt. Auch Atheisten, die Gott für tot oder zumindest überflüssig halten, setzen etwas an seine Stelle – oft verbunden mit dem Wunsch, die Welt besser zu machen. Das Heilige hat seine Gestalt geändert, aber nichts von seiner Anziehungskraft verloren. Und auch christlichen Kirchen gelingt es immer wieder, traditionellen Glauben, den Sinn für das Heilige und die Herausforderungen unserer modernen Welt so zu verbinden, dass es auch heute Sinn ergibt. Der Soziologe Hans Joas schreibt von der »Macht des Heiligen« auch in modernen Gesellschaften und stellt dar, wie Wissenschaft, Politik und Glaube verbunden werden können. Mehr noch: dass der Blick auf das Heilige ein entscheidender Faktor sein kann, wenn Politik und Gesellschaft nachhaltig gesunde Entscheidungen treffen sollen.[84] Das Heilige ist das Höhere, Unverfügbare, Letztgültige. Die Christen nennen es Gott und sehen in der Gestalt Jesu einen Weg dorthin.

Und in der Ehe? Die Diskussion mit einem Hinweis auf die »Ehe als Sakrament« zu beenden, funktioniert nicht. Natürlich folgen etliche Menschen der katholischen Doktrin und halten etwas für heilig, allein weil der Heilige Vater es für heilig erklärt. Die Mehrheit (auch der christlichen Gemeinden) wird allerdings eine Unantastbarkeit der Ehe eher anzweifeln, zumal wenn sie von unverheirateten Kirchenmännern verordnet wird. Die Bescheinigung des Heiligen bringt so mancher hier leicht mit Scheinheiligkeit zusammen. Scheidung, Wiederheirat und Lebenspartnerschaften ohne Trauschein sind auch in christlichen Kirchen längst Realität, ohne dass sich gleichzeitig lieblose Gleichgültigkeit gegenüber Ehefragen breitgemacht hätte. Vielmehr wird an der Diskussion um die Ehe deutlich, wie viele Menschen dieses Thema tief bewegt.

Wenn die Ehe heilig ist, dann ist es nicht mit einer Regel getan, sondern es muss sich beschreiben lassen, warum sie heilig ist. Das ist übrigens eine Forderung, die gut in die oben beschriebene

Geschichte der Religionen passt: Die heiligen Orte und Gegenstände der Vorzeit waren tatsächlich an sich unantastbar, sie waren tabu. Bäumen und Steinen wurden göttliche Kräfte nachgesagt, Standbilder wurden angebetet. Nach der großen Religionenwende aber hatten Kirchen oder Tempel, Altäre oder Kelche nur noch eine vermittelnde Funktion – sie stellten die Verbindung zu dem Göttlichen dar, dass aber ganz woanders war, in einer anderen Dimension, transzendent, im Bereich des Heiligen. Nicht die Kirchengebäude selbst sind heilig, sondern der Gott, der dort angebetet wird. Ebenso kann eine Ehe nicht an sich heilig sein, sondern etwas, was in ihr zu finden ist. Hier kommen drei Vorschläge, was das sein könnte[85]:

Gott ist die Liebe, die Liebe ist Gott?

Viele Menschen glauben an die Liebe. An ihre Kraft zur Veränderung, an ihre Unaufhaltsamkeit. Um das zu glauben, muss man nicht religiös sein. Doch die Liebe ist auch das Urprinzip des christlichen Glaubens: Biblische Sätze wie »Gott ist Liebe« (1. Johannes 4,16b) oder »Nun aber bleiben Glaube, Hoffnung, Liebe, diese drei; aber die Liebe ist die größte unter ihnen« (1. Korinther 13,13) sind vielen bekannt. Sie sind bei Hochzeiten beliebt, auch wenn das Brautpaar ansonsten nicht besonders religiös ist. Viele Christen verstehen Johannes 3,16 als eine Art Zusammenfassung des gesamten Evangeliums: »Denn also hat Gott die Welt geliebt, dass er seinen eingeborenen Sohn gab, auf dass alle, die an ihn glauben [...] das ewige Leben haben.« Wieder die Liebe. Und Jesus selbst, nach dem höchsten Gebot gefragt, zitiert aus dem Alten Testament und antwortet: »›Du sollst den Herrn, deinen Gott, lieben von ganzem Herzen, von ganzer Seele und von ganzem Gemüt‹ [...] Dies ist das höchste und erste Gebot. Das andere aber ist dem gleich: ›Du sollst deinen Nächsten lieben wie dich selbst‹« (Matthäus 22,37b-39). Wer Christen nach Gott fragt, kommt an der Liebe nicht vorbei.

Die Ehe ist deshalb heilig, weil sie eine Verwirklichung dieses höchsten (für Glaubende: göttlichen) Prinzips ist. Das höchste Gebot, von dem Jesus spricht, lässt sich im Idealbild der Ehe finden – und wenn es gut läuft, auch in ihrem Alltag – Gott lieben und die Ehepartnerin bzw. den Ehepartner wie sich selbst.

Hier stoßen wir allerdings auf ein weit verbreitetes Missverständnis, das unter anderem in der Sprache begründet ist: Verliebt sein und körperliche Anziehung sind überwältigende Gefühle. Sie sind in den meisten Fällen der Urknall einer Liebesbeziehung, viele erleben sie als akute Zustände der Liebe. Deshalb benutzen wir für das Gefühl der Liebe das gleiche Wort wie für all die anderen Formen, in denen sich Liebe ausdrückt. Und deshalb biegen manche auch in ihren Vorstellungen von der Ehe falsch ab und landen in einer Sackgasse.

Hinzu kommt oftmals noch ein heiliger Irrtum: Wer mit »Liebe« das schöne Gefühl meint und darüber hinaus den Satz »Gott ist die Liebe« als Grundlage für die Heiligkeit der Ehe nimmt, hat gleich zwei Fehler gemacht. Warum?

1. Die Liebe ist nicht nur ein Gefühl. Und selbst wenn sie es wäre, wäre sie mehr als nur eines. Das Gefühl der Liebe, aufgefächert im Prisma der Emotionen, hat viele Teile. Sie ist freundliche Zuneigung, Zugehörigkeit, Hingabe, Wohlwollen und vieles mehr. Die Liebe ist aber eben auch viel mehr als nur Gefühl. Sie lebt mindestens ebenso stark im Denken und im Handeln. Die bewusste Entscheidung, für einen Menschen da zu sein, zu helfen, auf eigene Vorteile zu verzichten, der Wille, sich zu einigen – das sind keine Gefühle, sondern eher liebevolle Bewegungen der Vernunft. Auf den anderen zu warten, geduldig zuzuhören, ehrlich zu sein, den anderen zu berühren oder auch die Wäsche in den Keller zu tragen oder den Tisch abzuräumen – all das können liebevolle

Handlungen sein, die sogar oft ganz ohne ein schönes Gefühl auskommen müssen. Die Bibel kennt diese Vielschichtigkeit der Liebe. Sie nennt die Liebe geduldig und freundlich, ohne Selbstsucht (vgl. 1. Korinther 13), sie knüpft sie an sehr praktische Handlungen, an das Helfen, an Gastfreundlichkeit und Freigiebigkeit. Die Liebe als Grundprinzip der Ehe ist nicht nur ein Gefühl. Die eheliche Liebe ist nicht am Ende, wenn sie sich nicht behaglich anfühlt oder wenn sie anstrengend ist. Es hilft vielleicht ein Vergleich mit der Liebe zu einem neugeborenen Kind: Sie ist fraglos und hoch emotional in den seligen Momenten nach der Geburt oder wenn das Baby schläft oder die Eltern anlächelt. Die Stunde der Wahrheit der Liebe zu dem Kind aber ist gekommen, wenn es nachts um 4 Uhr noch immer nicht aufgehört hat zu schreien oder wenn eine Situation absolut fäkaliendominiert ist. Ebenso die Liebe zur Ehepartnerin bzw. zum Ehepartner (auch wenn es hier meist andere Verhaltensweisen sind, die als problematisch erlebt werden). Die eheliche Liebe ist ein schönes Gefühl und eine bewusste Entscheidung und eine schier unendliche Reihe praktischer Handlungen. Die Ehe ist heilig, weil sie der Vielfalt der göttlichen Liebe Spielraum gibt.

2. Die Übersetzung ist etwas schwammig. Es heißt nämlich nicht »Gott ist die Liebe«, so als wäre es eine Gleichung, die in beide Richtungen funktioniert, wenn A = B, dann gilt B = A. Wenn Gott = die Liebe ist, dann ist auch die Liebe = Gott. In diesem Fall würden wir auch die Liebe anbeten können. Das ist ein recht praktisches Missverständnis für alle, die mit sperrigen christlichen Glaubenssätzen (etwa von der Jungfrauengeburt), mit verstaubten Gottesdiensten oder Skandalen kirchlicher Machtpolitik nichts zu tun haben wollen, aber dennoch gern sagen möchten »Ich glaube an Gott«, weil das Gegenteil zu

sehr nach »Gott ist tot und das Leben ist sinnlos« klingen würde. Wer das Wort »Gott« mit »die Liebe« austauscht, kann spirituell bleiben, ohne allzu christlich sein zu müssen. Der Satz heißt aber korrekt übersetzt »Gott ist Liebe« (ohne »die«), und gerade im Zusammenhang der Bibeltexte wird deutlich, dass das nicht als Gleichung A = B gemeint ist. Liebe ist Gottes hauptsächliche Eigenschaft, aber sie beschreibt ihn nicht vollständig. Gottes Gerechtigkeit, Gottes Schöpferkraft werden in der Bibel beschrieben, aber auch rätselhafte Seiten wie ein zerstörerischer, flammender Zorn, seine Unnahbarkeit oder Parteilichkeit. Die Bibel macht deutlich, dass Gott kein Wort ist, das sich vollständig verstehen lässt. Gott mit Liebe gleichzusetzen, ist etwa so, wie das Sonnenlicht mit der Sonne zu verwechseln. Das Licht ist sicher die Haupteigenschaft der Sonne. Jedenfalls von der Erde aus gesehen. Sie ist allerdings auch ein glühender Gasball und das Zentrum der Schwerkraft unserer Galaxie. Niemand wird je einen Fuß auf die Sonne setzen. Aber kein Mensch kann leben ohne ihr wärmendes Licht. Gott ist Liebe, aber die Liebe ist nicht Gott.

Wer das »die« mitliest und aus »Gott ist Liebe« ein »Gott ist die Liebe«, macht, läuft Gefahr, das Gefühl der Liebe anzubeten und sich von dieser Göttin verlassen zu fühlen, wenn es schwierig wird. Wer von der Ehe ein beständiges Gefühl der Verliebtheit erwartet, überfordert sich selbst und die Partnerschaft. Und blendet die Vielfalt der Liebe aus, die sich auf so vielfältige Art und Weise zeigen kann. Manche verstehen daher Ehe als eine Art Berufung. Als Geschenk und Aufgabe zugleich. Der Schweizer Psychologe Guy Bodenmann etwa betont, wie wichtig das Commitment in der Ehe ist, und unterscheidet willentliches, emotionelles und sexuelles Commitment.[86] Was wie ein relativ technischer Ansatz klingt, ist nur ein anderer Weg, die Vielschichtigkeit der Liebe auszudrücken, die über die Ebene der Verliebtheit oder Romantik weit hinausgeht. Wer in der ehelichen Liebe einen Spiegel der göttlichen Liebe sieht, öffnet dem Heiligen die Tür in den Alltag – findet Ansporn, nach unterschiedlichen Ausdrucksformen der Liebe Ausschau zu halten. Die eigene, lückenhafte Liebe ist dann eingebettet in eine höhere, göttliche Liebe und schöpft aus ihr Inspiration und Kraft.

Geschaffen nach Gottes Bild

Eine zweite Verbindung zu dem Heiligen in der Ehe liegt im christlichen Menschenbild. Und wie schon bei der »heiligen Liebe« gibt es auch hier mehr oder weniger religiöse Arten, das zu formulieren. Viele Menschen können mit den alten Worten von der »Schöpfung« oder der »Sünde« nicht viel anfangen und reden lieber davon, dass sie an »das Gute im Menschen« glauben. Welche Sprache wir verwenden, ist nicht so erheblich, solange wir achtsam mit den Inhalten umgehen. Denn wer sich allzu sehr auf das Gute im Menschen verlässt, kann böse Überraschungen erleben, wenn im eigenen Inneren oder im Verhalten der Ehepartnerin oder des Ehepartners doch Ungutes auftaucht. Die Bibel bietet ein dreidimensionales Menschenbild an, das ich sehr hilfreich finde, auch für das Verständnis der Ehe:

WER IN DER EHELICHEN LIEBE EINEN SPIEGEL DER GÖTTLICHEN LIEBE SIEHT, ÖFFNET DEM HEILIGEN DIE TÜR IN DEN ALLTAG.

Auf den ersten Seiten der Bibel wird Grundlegendes beschrieben, etwa zum Wesen des Menschen und seinem Verhältnis zu Gott: »Und Gott schuf den Menschen zu seinem Bilde, zum Bilde Gottes schuf er ihn; und schuf sie als Mann und Frau« (1. Mose 1,27). In diesem Satz stecken schon zwei der drei Dimensionen. Zum einen sagt er etwas darüber aus, wie wir uns »das Gute im Menschen« vorstellen können: als ein Spiegelbild Gottes, eine Prägung, eine seelische Verwandtschaft. Das bedeutet aber auch, dass wir dieses Gute nicht selbst erfinden oder herstellen müssen, es ist bereits da. Wir sind aufgerufen, es zu finden, zu entdecken, zu entfalten.

Und hier liegt die zweite Dimension: Wenn in uns ein Bild Gottes liegt, dann ist das eine Brücke zum Heiligen. Dann liegt in uns etwas, was uns selbst übersteigt. Dann finden wir unsere Identität, indem wir Gott suchen. Indem wir den Blick heben und über unseren eigenen Horizont hinaus zu sehen versuchen.

Die dritte Dimension des biblischen Menschenbildes ist die Erkenntnis, dass dieses Gute, Heilige in uns eben nur ein Abbild ist. Wertvoll, weil es auf das Original hinweist, aber unvollkommen, fehlerhaft. Die Aussage, dass sich das Bild Gottes in »Mann und Frau« aufteilt, ist ein Hinweis darauf: Niemand trägt das vollständige Bild in sich, alle brauchen Ergänzung. Die Bibel kennt aber auch das alte Wort »Sünde« für diese Dimension der Unvollkommenheit des menschlichen Lebens. Dieses Wort wurde allerdings zu oft missbraucht oder allein auf Sexualität reduziert – wer es ohne weitere Erklärung verwendet, stiftet oft mehr Verwirrung als Klarheit. Man muss auch nicht an »Verbrechen« denken, um das Konzept »Sünde« richtig zu verstehen. Hilfreicher ist, sich die Unschärfe des inneren Gottesbildes vorzustellen. Für die Ehe finde ich auch viel entscheidender, was daraus folgt, dass wir unvollkommene (und oft bis zur Unkenntlichkeit verzerrte) Abbilder Gottes sind: Jeder Mensch ist auf Gnade angewiesen. Hier kommt die Vergebung ins Spiel!

Drei Dimensionen:

1. Jeder Mensch hat das Gute in sich.
2. Dieses Gute ist auf das Heilige bezogen, auf Gott.
3. Das Gute ist stets ein unvollkommenes Bild, das ohne einen gnädigen Blick leicht zerfällt.

Was vielleicht wie abstrakte Philosophie klingt, hat für die Ehe sehr praktische, sogar heiligende Konsequenzen. Wenn in Mann und Frau das Bild Gottes liegt, dann ist es die Aufgabe und die Chance des jeweils anderen, es wieder und wieder zu entdecken. In den schönen Momenten der Ehe führt das zu einer Extraportion Dankbarkeit: mein Mann, meine Frau – ein Geschenk Gottes. Hier wird das Heilige spürbar, ein Fest für die Sinne, Balsam für die Seele. In den schwierigen Momenten der Beziehung liegt hier eine große Chance: Dieser Mensch, der sich mir gegenüber gerade so unmöglich benimmt, trägt das Bild Gottes in sich. Genauso wie ich, der sich vielleicht auch gerade nicht von seiner göttlichsten Seite zeigt. Was kann ich tun, damit das Göttliche zwischen uns wieder sichtbar wird? Oft liegt die Antwort in den bewussten und praktischen Seiten der Liebe: Geduld, Bereitschaft zu vergeben, aktives Zuhören. Der Glaube an das Göttliche im Gegenüber macht das viel leichter (und es ist immer noch schwer genug!) und die Erkenntnis, dass niemand ohne Gnade auskommt, nimmt manchem Konflikt die Schärfe. Die Ehe ist heilig, weil Mann und Frau Heiliges in sich haben, das sich in guten und in schlechten Zeiten finden lässt. Um es zu entdecken, brauchen beide einen dankbaren und gnädigen Blick auf sich selbst und aufeinander. Dieser Blick wiederum wirkt geradezu therapeutisch. Wer also auf diese Weise das Heilige in der Ehe sucht, tut ihr gut.

Leben mit Segen

Der Segen ist ein drittes Element, das die Ehe mit dem Heiligen verbindet. Zwischen Brautkleid, Ja-Wort, Hochzeitsmarsch und »Sie dürfen die Braut jetzt küssen« ist der Segen das eigentliche Alleinstellungsmerkmal der kirchlichen Hochzeit. Alles andere könnte man zur Not auch auf dem Standesamt erledigen. Der Segen hat seinen Platz vor Gott. Und niemand kann ihn selbst machen, er wird immer zugesprochen. »Segnen« kommt vom lateinischen *signare*, also »bezeichnen«, »mit einem Zeichen versehen«. *Benedicere* ist ein anderes lateinisches Wort dafür, was so viel heißt wie »Gutes sagen«. Ein Segen ist damit eine Mischung aus einem Versprechen und einem guten Wunsch. Aus psychologischer Sicht könnte man einen Segen auch als Auslöser einer wirksamen Hoffnung bezeichnen, denn ein Segen weckt die Erwartung des Guten. Und diese Erwartung brauchen wir besonders angesichts des Ungewissen: am Beginn einer Reise, beim Übergang in einen neuen Lebensabschnitt, während einer gesundheitlichen Krise spenden wir Segen oder wünschen ihn uns. Dabei können wir über den Segen nicht verfügen, er gibt keine Garantie. Der Segen schmiegt sich der Ungewissheit des Lebens an und gibt ihr eine Richtung. »Geben, was wir nicht haben – Segnen«[87] nennt der Theologe Fullbert Steffensky diese Geste und bringt es damit auf den Punkt. Der Segen ist uns von Gott zum Weitergeben geliehen.

DER SEGEN IST UNS VON GOTT ZUM WEITERGEBEN GELIEHEN.

Der Segen, den sich Paare bei der Hochzeit zusprechen lassen, drückt eben dies aus: Zwei Menschen sind auf einem gemeinsamen Weg ins Ungewisse, es gibt keine Garantie, dass es gelingt. Im Gegenteil: Scheidungsraten, Schicksalsschläge und die Widrigkeiten des Alltags mit Börsencrash, Klimakrise und ewig grillenden Nachbarn können schon Angst und Bange machen. Der Segen über einer Ehe ist viel mehr als ein bloßes »Es wird schon irgendwie gut gehen – und wenn es nicht gut geht, dann geht es vorüber«. Der Segen verbindet die Ehe mit der Hoffnung auf Gott. Nicht nur auf Bewahrung vor Unglück – das ist eine recht vordergründige Hoffnung, die eher an magisches Denken erinnert. Und so funktioniert Segen ja auch nicht. Gott verhindert nicht das Unglück. Gott bahnt Wege durch die Wüste, spendet Mut, Mauern einzureißen, schafft Bereitschaft für einen Neuanfang – das ist die Hoffnung, die sich mit dem Segen verbindet. Ehepaare, die sich gesegnet fühlen, sind dankbar für das, was sie haben (Kinder, Glück, Gesundheit), weil sie wissen, dass nichts davon selbstverständlich ist. Und sie fühlen sich gesegnet, weil sie die Kraft gefunden haben, gemeinsam eine Krankheit durchzustehen, die Arbeitslosigkeit auszuhalten, in der schwierigen Phase des Kindes zusammenzubleiben, nach einer Affäre wieder zueinanderzufinden. Sie sind nicht lebenslänglich zum Zusammenleben verurteilt, haben keinen *Bund fürs Leben* geschlossen, sondern einen *Bund für das Leben*. Für ihr eigenes und für das Leben um sie herum. Und all das nicht aus eigener Kraft, sondern mit der Hoffnung auf Gott. Durch die Verbindung zum Heiligen.

Die Ehe ist nicht einfach heilig, weil der Papst es sagt. Aber vielleicht hat er trotzdem recht. Das Heilige in der Ehe ist mehr als die gelungene Verbindung von Gerechtigkeit und guter Beziehungsqualität. Das Heilige in der Ehe findet sich in der Liebe als Lebensprinzip, im Bild Gottes im Gegenüber und im Segen. Man kann sich das so vorstellen, als würde die Liebe Gottes eine Art Mitbewohnerin im gemeinsamen Haushalt sein. Vielleicht sprechen wir hier von dem einzigen funktionierenden Dreiecksverhältnis in einer Ehe: Wenn beide Partner ein möglichst intimes Verhältnis zu dieser Mitbewohnerin pflegen und sich alle drei regelmäßig auf einen Abend mit Brot und Wein zusammensetzen und gemeinsame Projekte planen, dann kann dabei nur Gutes herauskommen. Der Blick auf sich selbst und auf den anderen, das Verständnis der Liebe zwischen allen und die Hoffnung auf den Segen – all das gibt dem Alltag einen heiligen Glanz. Diese Mitbewohnerin ist wohl manchmal auf ihrem Zimmer, geradezu unsichtbar. Aber sie lässt sich gern einladen. Manchmal spielt sie auch laut Musik oder bringt sich auf andere Art in Erinnerung. Manchmal ist sie auch unbequem und stellt schwierige

Fragen, z. B. diese: »Zu welcher Liebe bist du berufen?« Diese Mitbewohnerin tut dem ganzen Haus gut, auch den Beziehungen zu anderen – Kindern, alten Eltern oder wer sonst so ein und aus geht. Sie vertieft die Dankbarkeit, erweitert den Horizont, spendet Trost und Mut. Die Heiligkeit der Liebe ist eben kein verstaubtes Sakrament, sie ist ein lebendiger Geist.

Fazit: Die Reise zum Mittelpunkt Ihrer Ehe

Gerechtigkeit üben, Liebe entfalten, das Heilige suchen – das sind die Dimensionen der Ehe. Sie spannen einen dreidimensionalen Raum auf, in dem sich jede Ehe bewegt. Die Reise zum Mittelpunkt *Ihrer* Ehe geht also in drei Richtungen zugleich: Fragen Sie sich (und ihren Partner bzw. Ihre Partnerin), wie gerecht es bei Ihnen zugeht, und üben Sie sich darin, Ihre Rechte, Ihre Ungleichheiten, Ihre Schwächen und Stärken in eine gute Balance zu bringen – dann sind Sie auf dem richtigen Weg. Fragen Sie sich (selbst und gegenseitig), wie liebevoll es bei Ihnen zugeht. Entfalten Sie die Liebe im Wechsel von Nähe und Distanz, im schönen Spiel von Geben und Nehmen, im Bett und im Gespräch – dann sind sie auf dem richtigen Weg. Suchen Sie das Heilige in sich selbst, im anderen und in ihrem Miteinander, öffnen Sie sich für die Möglichkeit, dass Ihre Liebe mehr ist als die Summe zweier Gefühle – dann sind Sie auf dem richtigen Weg. Natürlich lässt sich dieser Mittelpunkt nie endgültig erreichen, sodass man dort ein Haus bauen und sich niederlassen könnte. Es verhält sich mit dem Mittelpunkt der Ehe eher wie mit dem Himmelreich: Es ist dadurch gegenwärtig, dass es uns immer einen Hoffnungsschritt voraus ist.

Briefe ohne Antwort VI

Gesendet: Samstag, 20. Juli 2019, um 00:13 Uhr
Von: »Maya Wegner« <maya@wegner.net>
An: »Joshua Wegner« <jw@connect-it.com>
Betreff: Tobias

Josch,
wie versprochen: hier noch der Brief von Tobias. Ich habe keine Worte.
Maya

Liebe Maya, lieber Josch!
Wir sind schon so lange befreundet. Ihr habt immer gesagt, dass ihr mit mir schon länger zusammen seid als miteinander. Und ich habe nie ein Geheimnis daraus gemacht, dass ich nie auf den Gedanken gekommen war, dass ihr beide mal ein Paar werden könntet. Eure Welten waren einfach zu verschieden. Aber nun heiratet ihr tatsächlich, und immerhin das kann ich noch miterleben. Wie schön!
Es ist wohl das Privileg der Sterbenden, dass sie Dinge sagen und tun können, die andere sich nicht trauen, weil sie immer über die Spätfolgen nachdenken. Das muss ich nicht. So hat es also auch etwas Gutes. Meistens war ich allerdings doch damit beschäftigt, noch nicht zu sterben, und habe mich verausgabt auf dem Schlachtfeld der Behandlung, mit dem Tropf als Schwert und der Tablette als Sprengsatz, den ich in mich selbst hineingeworfen habe. Im Krieg gegen den unsichtbaren Feind, der im Dickicht meines Körpers den nächsten Guerillaangriff vorbereitet. Nun ist klar geworden, dass ich nicht gewinnen kann, ich bin zu jung, meine Zellen teilen sich zu schnell. Und dass der Feind mit mir untergehen wird, ist natürlich auch kein Trost. Aber immerhin geht es mir jetzt ganz gut, seit es nicht mehr ums Gewinnen geht, sondern um eine Kapitulation mit möglichst wenig Kollateralschäden.
Ich wäre auch gern der Patenonkel für euer erstes Kind (hatte ich ja eigentlich versprochen, #Zugspitze), aber danach sieht es nun nicht aus. Trotzdem hatte ich Lust, euch etwas Bleibendes zu schenken. Das mit dem Bleiben ist im Moment sowieso ein großes Thema, könnt ihr euch ja denken. Was schenkt man also einem Paar, das alles hat? Auf eines bin ich gekommen, als ich über die Patenschaft nachgedacht habe, die ich ja nun mangels Kind und Zeit doch nicht übernehmen kann: So eine Patenschaft ist ja oft so etwas wie ein Rückhalt für schwierige Zeiten. Zum Patenonkel kann das Kind kommen, wenn es mit den Eltern Schwierig-

keiten hat; der Pate springt ein, wenn die Eltern sich nicht um das Kind kümmern können. Und dann hatten wir letztens darüber gesprochen, ob ich euer Trauzeuge werden könnte, und ich habe auch das abgelehnt, weil ich gar nicht wusste, wie es mir zu eurer Hochzeit gehen würde. Und überhaupt: Wann hätte ich denn als Zeuge auftreten sollen? Aber vielleicht kann ich euch doch etwas hinterlassen, was so ähnlich ist. Eine Hilfe für schwere Zeiten.

Man muss kein Psychologe sein und auch kein Prophet, um vorherzusagen, dass ihr eines Tages mal in Schwierigkeiten kommen werdet. Nicht nur, weil das rein statistisch den meisten so geht. Ihr seid einfach so unterschiedlich – eure Familien, eure Persönlichkeiten, eure ganze Art, das Leben anzugehen. Ich glaube, dass das auch genau der Grund ist, warum ihr euch zusammengetan habt: Ihr findet beieinander etwas, was ihr jeweils selbst nicht habt. (Was? Vielleicht Stabilität und Beweglichkeit? Ihr könnt euch selbst aussuchen, wer was verkörpert 😉). Ich finde das eigentlich ein richtig gutes Konzept. Ihr werdet aneinander wachsen, wenn ihr es richtig anstellt. Aber ich bin auch recht sicher, dass das nicht ohne Krisen vonstattengeht.

Deshalb habe ich eure Freunde und Familien gebeten, euch Briefe zu schreiben, in denen sie ihre Lebenserfahrungen und einen Rat für euch aufschreiben. Damit ihr nicht ohne Zuspruch seid, wenn es schwierig wird. Hinter diesem Gedanken stecken noch ein paar andere:

Ich bin ja nun kein Experte in Ehekrisen, außer als Kind (und da reichlich, wie ihr wisst), aber ich glaube, dass eine Ehekrise ein bisschen so ist wie eine Krebserkrankung (immerhin dafür bin ich ein Experte): Sie spielt sich lange Zeit im Verborgenen ab, verborgen sogar für die, die es am direktesten betrifft. Wer weiß schon, wie ernst ein Zweifel, eine Gleichgültigkeit oder ein kurzes Abwenden wirklich sind? Meist gehen solche Dinge doch schnell vorüber. Ein kurzer kalter Wind, ein Schauern, dann wird es wieder wohlig warm. Aber wenn sie dann wirklich ausbricht, die Krise, die Erkrankung, dann sind alle vor Schreck wie erstarrt. Treten einen Schritt zurück. »Melde dich, wenn du was brauchst«, sagen die einen und tauchen ab. »Lass dich nicht unterkriegen«, sagen die anderen, und es klingt fast wie ein Befehl, der die Zumutung der Krankheit zum Schweigen bringen soll. Manche sagen auch »Wir beten für dich«, und dagegen ist ja wirklich nichts zu sagen, aber oft klingt das auch ein bisschen nach »Hände falten, Klappe halten«, so als würde man das Problem, mich, Gott geben und dann einen dicken Strich drunter machen. Es ist schwer, in solchen Zeiten wirklich glaubwürdigen Zuspruch zu finden. Die meisten Menschen sind entweder zu betroffen oder zu vorsichtig oder zu fromm, um ehrlich zu sein. Oder sie sind professionell, und bei aller Empathie merkt man doch, dass sie eine Grenze ziehen zwischen ihrem Leben und deinem. Sie wollen deine Geschichte nicht mit nach Hause nehmen. Und so kommt es, dass du oft allein zu Hause bist mit deiner Krise. Ich will, dass ihr beide Anknüpfungspunkte findet, Geschichten von Menschen, die ihr kennt. Die ihr darauf ansprechen könnt. Die euch einen Rat geben, bevor sie wissen, was sie lieber nicht sagen sollten.

Ich habe in den vergangenen Monaten oft versucht, mit Gott ins Gespräch zu kommen. Ihr könnt es euch vielleicht denken – ich hatte jede Menge Fragen und Klagen und Bitten. Erstaunlicherweise auch Dank. Aber das mit dem Dank hat eigentlich funktioniert wie immer: Ich habe einen Dank losgeschickt – ein Lied, zum Beispiel, so wie früher, als wir in der Gemeinde zusammen gesungen haben – und der Himmel lächelte zurück. Wenn überhaupt. Ist ja auch nicht nötig, denn das gute Gefühl ist ja schon da. Aber beim Fragen, Klagen und Bitten ist es ja doch etwas anderes, da will man eine Antwort. Und am besten direkt. Zuerst dachte ich also, Gott schweigt. Schweigt zu meinem und anderem Leid. Oder hat vielleicht gar keine Antworten auf meine Fragen. Oder ist gerade ganz woanders unterwegs – in meiner Fantasie zum Beispiel. Das waren harte Zeiten. Ich konnte auch mit Gottesdiensten gar nichts mehr anfangen. Aber dann habe ich entdeckt, dass Gott die ganze Zeit redet, nur nicht so, wie ich dachte. Ich habe sozusagen versucht, auf einer anderen Frequenz zu empfangen, als er sendet. Gott redete nicht so eindeutig und einstimmig, wie ich es gern gehabt hätte. Heute glaube ich, Gott redet vielstimmig, er singt mit sich selbst im Chor. Seine (oder ihre?) Stimme (oder Stimmen?) weben sich ineinander, klingen mit- und gegeneinander, flechten einen Sinn. Alles, was lebt, schreit es quasi hinaus. Wer immer lebt, kann es gar nicht verhindern, dass er durch alles spricht, was das Leben ist: Schweres und Frohes und Rätselhaftes und Tiefes und Schönes, in Bewegung miteinander. Ein Tanz der Stimmen. Die alten Liturgien im Dom und die neuen Lieder und die Gebete der Alten und die Fragen der Atheisten und die Forderungen der Naturschützer haben es mir gesagt: Ich bin am Leben, solange ich atme, verbunden mit allem, was kreucht und fleucht und schuftet und wartet. Gott ist überall zu Hause, in der Kirche, in der Musik, in der Natur, in einer Begegnung auf der Straße. Und für mich, eingewebt in das Ganze wie ein goldener Faden: Jesus, der Liebende, der Leidende, der Sterbende, der Lebende. Dieser Faden trägt das ganze Gewebe. Jeder und jede von uns, die am Leben sind, sind ein Ton im großen, vielstimmigen Gesang Gottes mit sich selbst. Jesus der Grundton. Mit den kleinen Karos mancher Kirchenleute konnte ich manchmal nichts mehr anfangen, ich hatte oft das Gefühl, dass sie Gott erst mal in Ordnung bringen wollten, bevor sie von ihm reden. Einstimmig über einen vielstimmigen Gott reden? Aber bei denen, die ihre kleine Stimme mutig in den großen Chor werfen, die ihre Geschichten erzählen und ihre Fragen stellen, habe ich Gott gefunden, immer wieder. Auch in der Gemeinde. Deshalb will ich für euch ein paar dieser Stimmen sammeln, in der Hoffnung, dass ihr darin Gottes Stimmen findet, wenn ihr sie braucht.

Und jetzt kommt mein eigener Rat für euch. Ein bisschen ist er wohl auch ein Wunsch für mich selbst: Wenn ihr heiratet, bitte schließt keinen »Bund fürs Leben«, so im Sinne von: »Jetzt sind wir für immer fertig, ab jetzt und für immer sind wir angekommen.« Schließt statt dessen einen »Bund für das Leben«! Verbindet euch, tut euch zusammen, um das Leben zu feiern und zu fördern, das in euch und um euch herum seine Kapriolen schlägt. Bildet ein Bündnis für das Schöne und das Schwere, das Hässliche und Rätselhafte. Feiert die schönen Zeiten als Geschenk! Und wenn ihr euch selbst und einander rätselhaft seid oder euch wehtut oder verrennt, nehmt auch diesen Faden auf und webt ihn ein. Ich glaube, der Segen ruht nicht auf eurer Ehe, denn Segen ruht nicht. Er fließt und klingt und trägt und verbindet. Fließt mit diesem Segen, lasst euch von ihm mitreißen. Ich habe in meiner Krankheit vieles gefunden, was ich nie haben wollte und nicht wieder loswerde, vor allem Schmerzen und Angst. Aber ich habe auch Schönheit darin gefunden und Demut und Freundlichkeit. Leben habe ich gefunden. Wenn ihr in eine Krise kommt, nehmt sie an und sucht darin, bis ihr das Leben findet. So wie Jakob am Jabbok, der die ganze Nacht mit einer düsteren Gestalt ringt: Ich lasse dich nicht, du segnest mich denn! Ich weiß nicht, wie es nach dem Tod weitergeht, nach meinem und nach eurem. Das weiß ja keiner. Aber hoffen ist erlaubt. Also hoffe ich, dass wir uns wiedersehen und ihr mir erzählen könnt, wie es gelaufen ist. Und wenn es doch ganz anders ist, wenn wir alle Teil des großen Lebensstroms werden oder so, dann wünsche ich mir, dass wir uns da wieder treffen, auch wenn wir uns vielleicht nicht erkennen. Dass wir miteinander verwoben sind im großen Bund für das Leben. Gewoben vom großen Webmeister (#webmaster), getragen vom goldenen Faden, der alles hält.
Alles Gute für euch, für euer Leben, für eure Ehe!
Euer Freund
Tobias

Teil 4

EHE-SCHLIESSUNG

Ein Buch über die Ehe mit einem epischen Dreiklang von Gerechtigkeit, Liebe und dem Heiligen ausklingen zu lassen, wäre nicht nur wirklichkeitsfern, es wäre geradezu fahrlässig. Die Realität ist, dass die Scheidungsrate bei fast 40 Prozent liegt.[88] Gerade für Menschen, die von Trennung und Scheidung betroffen sind, Ehepartner, Kinder, aber auch für den Freundeskreis und die weitere Familie, ist es wichtig, zu wissen, was Ehe eigentlich ist bzw. sein sollte, und was somit das Ende einer Ehe bedeutet.

Allzu oft wird die Welt der Ehepaare nur eingeteilt in »Ehe« und »gescheiterte Ehe«, ohne einen Blick auf alle Möglichkeiten zwischen diesen beiden Polen. Gerade die Kirche scheint sich oft mit der bloßen Feststellung des Status zufriedenzugeben. Sie bietet Trauungen, Kurse und Gesprächsgruppen für Ehepaare an, aber entlässt Geschiedene aus ihrem Zuständigkeitsbereich. Dabei können Menschen in Zeiten von Trennung und Scheidung in der Kirche viel Gutes finden – und beitragen!

Dieses letzte inhaltliche Kapitel des Buches richtet sich in erster Linie an Mitarbeitende und Mitglieder von Kirchen und Gemeinden, weniger an Menschen, die gerade akut mit einer Trennung oder Scheidung zu ringen haben. Sollten Sie jedoch zu dieser Gruppe gehören, hoffe ich, dass Sie dennoch etwas Nützliches in diesem Kapitel finden: Was es braucht, um einen solchen Prozess nicht nur zu überstehen, sondern auch auf gute Weise zu gestalten. Das ist aber Stoff für ein weiteres Buch und wird hier nur angerissen. Eines brauchen Menschen in Trennungszeiten aber auf jeden Fall: andere Menschen, die sie wohlwollend begleiten – z. B. in einer Kirchengemeinde. Deshalb soll dieses Kapitel eine indirekte Hilfe sein, indem es den Blick lenkt auf ein Thema, das noch zu oft ausgeblendet wird.

Pfaffenstillstand

Eines der einschneidendsten Erlebnisse meiner kirchlichen Biografie ist das zwischenmenschliche Desaster, das um die Trennung eines befreundeten Pastors herum entstand. Seine Frau war ausgezogen. Warum und wie, das spielte in der öffentlichen Version dieser Geschichte kaum eine Rolle – was ich als recht typisch empfand: Wie es den beiden mit der Situation ging, erschien nebensächlich, was zählte, war vielmehr der soziale Status »verheiratet«. Mein Freund wechselte nun zwangsläufig den Status von »verheiratet« zu »getrennt« und sogar »in Scheidung lebend«. Die kleine freikirchliche Gemeinde, die er leitete, konnte mit diesem Wechsel nicht umgehen und stellte ihn frei. Ein Mann, dessen Ehe offensichtlich gescheitert war, konnte nicht die geistliche Leitung der Gemeinde innehaben. Ein Dialog war unmöglich. Damit hatte er nicht nur seine Ehe, sondern auch seine Arbeit verloren, was die ohnehin schon schwierige Situation nicht einfacher machte. Ich war gleich mehrfach entsetzt über diesen Prozess. Auf der einen Seite konnte ich es nicht fassen, mit welcher Herzlosigkeit einem Mann begegnet wurde, der offensichtlich gerade eine schwere Zeit durchmachte. Auf der anderen Seite konnte ich nicht verstehen, wie selbstverständlich ein gelingendes Privatleben zur Bedingung des Pastorenberufs gemacht wurde. Liegt nicht die Stärke der Kirche gerade da, wo das Leben nicht so einfach gelingt? In den Krisen und Brüchen? Warum entlässt eine Gemeinde einen Pastor, der genau solche Erfahrungen macht, wie sie in vielen Ehen gemacht werden, und der gerade deshalb viel Trost, Verständnis und Orientierung geben könnte? Es schien mir, als würde sich die Gemeinde gegen einen Angriff auf ihr Weltbild verteidigen: »Wenn du uns unser Traumbild von der heilen Ehe nehmen willst, dann fliegst du raus.« Die Ehe des Pastors war gescheitert, aber mindestens ebenso sehr war die Gemeinde an der Scheidung gescheitert.

> Wie es einer Kirche gelingt, mit der ehelichen Dynamik ihrer Pastorinnen und Pastoren umzugehen, ist ein Maßstab auch für ihre geistliche Reife. Wenn den Leitenden das Scheitern nicht gestattet wird, wie soll dann den Mitgliedern ein gnädiger Umgang damit gelingen?

Scheidungsarbeit ist Trauerarbeit!

In ihrem Buch »Sacred Divorce« hat Kathleen Jenkins eine beeindruckende Menge an Material zusammengetragen, das ein ganz anderes Bild der Möglichkeiten zeichnet, die in der Begegnung zwischen Scheidung und Glauben entstehen.[89] Sie beschreibt zwei Seiten dieser Erfahrung, die auf gleiche Weise ernst genommen werden sollten:

Die eine, offensichtliche Seite von Scheidungen und Trennungen ist das Leid, das in solchen Erfahrungen steckt. Hier gibt es nichts schönzureden. Eine Scheidung ist fast immer die Konsequenz langer, quälender Konflikte mit großen seelischen Verletzungen. Es geht um verlorenes Vertrauen, gebrochene Versprechen, gescheiterte Hoffnungen und Lebenspläne, Enttäuschungen. Die Trennung selbst ist dann wie der Aufprall nach dem Absturz. Manche mögen das Ende der Ungewissheit als eine Art Erleichterung empfinden, in manchen Situationen bedeutet die räumliche Trennung auch das Ende alltäglicher Konflikte, sodass z. B. für beteiligte Kinder eine gewisse Entspannung eintreten kann. Und doch ist mit der Trennung das Leid nicht vorbei. Wissenschaftliche Studien zeigen mit großer Einigkeit, dass eine Scheidung in den meisten Fällen umfassende negative Folgen hat: den Beteiligten geht es finanziell schlechter und die Gefahr der Verarmung steigt; das Risiko körperlicher Erkrankungen wächst, nicht zuletzt durch den andauernden emotionalen Stress: Ärger, Schuldgefühle, ein oft bröckelndes Selbstwertgefühl. Für viele ist jedoch das am schlimmsten, was auf der sozialen Ebene passiert. Geschiedene berichten von sozialer Stigmatisierung und Beschämung. »Seine Ehe ist gescheitert.«, »Die Kinder leben in einer zerbrochenen Familie.«, »Ihr Mann hat sie verlassen.« – das sind Sätze, die mehr oder weniger offen beim Elterngespräch in der Schule, beim Plausch auf dem Markt oder beim Kirchenkaffee fallen und die wie Urteile klingen können. Die Botschaft lautet: »Du gehörst nicht mehr dazu«, »Du bist jetzt ein Problem«. Geschiedene berichten vom Verlust ganzer Freundeskreise, teils weil sich Freund*innen gezwungen fühlen, eine Seite zu wählen, teils weil plötzlich Alleinstehende als Bedrohung bestehender Ehen angesehen werden. Der Gipfel des Leidens ist für viele die Angst um den alltäglichen Kontakt mit den Kindern oder der tatsächliche Verlust dieses Kontakts. Seine Kinder plötzlich nur noch einmal in der Woche oder 14-tägig am Wochenende sehen zu dürfen, wenn überhaupt, ist für viele unerträglich. Eine Frau in Jenkins' Buch beschreibt es sehr plastisch:

> Wenn mein Mann gestorben wäre, hätte ich alle Freunde behalten, meine Schwiegereltern hätten sich weiter um die Kinder gekümmert und in der Kirchengemeinde hätte ich einen festen Platz als Witwe gehabt. Die Leute hätten mir Essen gebracht. Weil mein Mann aber gegangen ist, habe ich zugleich auch die Freunde, die halbe Familie und die Gemeinde verloren.[90]

Die andere Seite von Trennung und Scheidung wird oft erst mit der Zeit sichtbar: es ist ein Veränderungsprozess. Nach dem Ende einer Ehe müssen Menschen sich mit sich selbst und ihrem Platz in der Welt auseinandersetzen. Sie können nach und nach verstehen, welche Irrtümer, welche Täuschungen hinter den Enttäuschungen stecken, die die Trennung gebracht hat. Sie denken über eigene Anteile nach, über Schuld und Vergebung, über Liebe und Verantwortung. Sie denken über die Bedeutung von Gottes Segen nach, der am Tag der Trauung über der Ehe ausgesprochen wurde, und über die Bedeutung des eigenen Versprechens. Und vor allem denken Sie nicht nur darüber nach, sondern müssen auch ganz konkrete Entscheidungen treffen: »Wie verhalte ich mich dem Menschen gegenüber, der mich enttäuscht hat?«, »Wie bete ich?«, »Wie gehe ich mit meiner Verletzung um und mit meiner Wut?«, »Gebe ich nach oder bleibe ich konsequent?«

In so einem Prozess bleibt es nicht aus, dass Menschen ihr Bild von sich selbst, von den anderen und von Gott verändern. Wenn diese Veränderung gut verläuft, bedeutet sie Wachstum und sogar spirituelle Vertiefung. Menschen, die sich mit Schuld und Vergebung, mit Liebe und Enttäuschung, mit Verlust und Neuanfang intensiv auseinandersetzen müssen, können tiefere, offenere, echtere Menschen werden. Scheidungsarbeit ist Trauerarbeit und kann, so Jenkins, viele heilige Aspekte haben.[91] Dazu braucht es aber Zeit und die Erlaubnis, trauern zu dürfen. Es braucht Anerkennung.

Viele Menschen suchen in Zeiten von Trennung und Scheidung Sinn und Trost auch im Glauben und an Orten, an denen sie zuvor gesucht haben – in Kirchengemeinden. Und haben Glück, wenn sie dort Gehör finden. In Deutschland gibt es nur sehr vereinzelt angebotene Scheidungsrituale in der Kirche, Gottesdienste für Geschiedene oder Selbsthilfegruppen für Menschen nach Trennung und

Scheidung. Meist finden Geschiedene in Kirchengemeinden verunsichertes Schweigen. Die Betroffenen suchen sich dann entweder ihren eigenen Weg und finden Halt im Gottesdienst, im Singen und Beten – oder sie verlassen die Gemeinde. Kirchliche Hilfe – oft von hoher Qualität – gibt es eher in ausgelagerter Form, in Ehe-, Lebens- und Familienberatungsstellen oder übergemeindlichen Seminaren.[92] Scheidungsarbeit als Trauerarbeit anzuerkennen, wäre ein wichtiger Schritt, um nicht nur das Leiden zu betonen, das durch eine Trennung entstehen kann, sondern auch bei dem Veränderungsprozess zu helfen, der darauf folgt.

Eine Scheidung ist nicht nur das Ende von etwas. Sie ist auch der Anfang einer Veränderung, die viel Ähnlichkeit mit einem Trauerprozess hat. In diesem Prozess ist viel Gerechtigkeit, viel Liebe und viel Heiliges zu finden. Es sollte ein Herzensanliegen der Kirche sein, Menschen auf diesem Weg nicht alleine zu lassen.

Kirche in Mitleidenschaft

Es gehört zum Auftrag der Kirche, sich den Leidenden zuzuwenden. Die Kirche soll sich in Mitleidenschaft ziehen lassen. Damit sind die Leidenden der Welt gemeint – Flüchtende, Hungernde, Opfer des Klimawandels oder des Welthandels – und die Leidenden in den eigenen Kreisen. Trauernde, Kranke, Einsame – und Geschiedene. Es macht einen Unterschied, ob ein seelsorgerliches Gespräch über die Bewältigung einer Scheidung ausschließlich vertraulich (und heimlich) stattfinden kann oder ob es neben der Trauergruppe und dem Besuchsdienst für Alte und Kranke in einer Gemeinde auch ein Angebot für Geschiedene gibt, das sich im Gemeindebrief, auf der Internetseite und in den Abkündigungen des Gottesdienstes findet. Es macht einen Unterschied, ob Trennung und Scheidung in Predigten eher unter der Kategorie »Schuld« oder unter der Kategorie »Schicksal« vorkommen. Ob es im Ritualangebot der Kirche neben Taufen, Hochzeiten, Aussegnungen, Konfirmationen und Beerdigungen auch ein Ritual für Trennungen gibt oder nicht.

Besonders Gemeinden, die eine sehr positive Einstellung zur Ehe haben, tun sich oft schwer damit, neben Angeboten für Paare auch den Geschiedenen Raum zu geben. Scheidungsrituale werden etwa mit dem Argument abgelehnt, dass dadurch der falsche Eindruck entstehen könnte, man würde Scheidungen gutheißen und fördern. Hier lohnt sich ein Umdenken. Niemand würde behaupten, die Kirche würde durch das Angebot von Beerdigungen und Trauergruppen den Tod gutheißen oder gar den Mord. Im Gegenteil: Beerdigungen und Trauergruppen geben nicht nur dem Leiden und den Leidenden Raum, sie helfen den Hinterbliebenen zurück ins Leben. Angebote für Menschen in Trennung und Scheidung sind keine Feier der ehelichen Gleichgültigkeit, sondern Hilfe in schwierigen Zeiten und die Möglichkeit, einen neuen Zugang zur Ehe zu finden: zur Gerechtigkeit, zur Liebe und zum Heiligen.

Die Herausforderungen, die Trennung und Scheidung mit sich bringen, sind kein geistlicher Sondermüll, der aus der Gemeinde ausgelagert werden sollte. Wie Trauer, Einsamkeit und Krankheit gebührt auch diesem Thema ein Platz in der Mitte der Gemeinde.

Gelungene Trennungen – tragende Werte

In meiner Arbeit als Paarberater habe ich beides aus nächster Nähe kennengelernt: gelungene Trennungen und gescheiterte Ehen. Der Anteil der gelungenen Trennungen war deutlich kleiner. Das ist nach meinem Erleben keine Überraschung, weil eine Trennung ein unfassbar schwieriger, anstrengender und vielschichtiger Prozess ist, in dem Menschen oft sehr allein dastehen und zugleich noch am sozialen Stigma der »Geschiedenen« zu tragen haben, das ihnen mehr oder weniger offen aus ihrer Umwelt entgegenkommt. Mein Eindruck aber ist, dass der Anteil gelungener Trennungen steigt (ohne dass notwendigerweise die Anzahl der Trennungen steigt). Das wäre eine gute Nachricht, weil es bedeutet, dass die Last der Kollateralschäden abnimmt, die die Geschiedenen, die Kinder und zuletzt die Gesellschaft zu tragen haben.

Wenn Trennungen gelingen, dann hat das mit gesunden Werten zu tun, die ganz ähnlich auch dem Gelingen einer Ehe zugrunde liegen. Trennungen können gelingen, wenn die Betroffenen versuchen, den gegenseitigen Respekt zu bewahren, eine gemeinsame Gerechtigkeit herzustellen, liebevolle Beziehungen zu gemeinsamen Kindern und Freund*innen zu erhalten und zu fördern und sich insgesamt demütig und vergebungsbereit zeigen – also einen Bezug zum Heiligen behalten.

Was hilft, ist, dass es immer mehr Beispiele solcher Trennungen gibt, in denen etwas gelingt. Ein Konzept, das immer mehr Menschen kennen, ist z. B. das Ende der Liebesbeziehung und das Fortbestehen der Elternbeziehung. Ich erinnere mich gut an ein Paar, das mit einem sehr klaren Auftrag in die Beratung kam: »Wir müssen uns trennen. Uns ist die Liebe abhandengekommen und das gemeinsame Leben ist eine Qual. Wir haben drei Kinder. Helfen sie uns dabei, unser Leben als Ehepaar zu beenden und weiterhin gute

Eltern für unsere Kinder zu sein, die wir beide lieben.« Was folgte, war ein Beratungsprozess über zwei Jahre, mal mit 14-tägigen Treffen, mal mit Pausen von mehreren Monaten. Sie haben Absprachen gefunden und eingehalten, wie und worüber und wann sie mit den Kindern, mit der weiteren Familie und dem Freundeskreis über die Trennung sprechen. Sie haben die räumliche Trennung vorbereitet und verschiedene Modelle zur Betreuung der Kinder ausprobiert und über die Zeit verändert, als sich die Bedürfnisse der Kinder verändert haben. Sie haben immer wieder neu sortieren müssen, was zur (neuen) Elternbeziehung gehört und was zur (alten) Ehebeziehung. Sie haben sich finanziell geeinigt, auch mithilfe von außen. Sie haben immer wieder um Vertrauen gerungen, haben Missverständnisse ausgeräumt, alte und neue Verletzungen bearbeitet. Und sie haben einander immer wieder Anerkennung geschenkt für das gemeinsame Bemühen für die gemeinsamen Kinder. Sie haben einander Unvollkommenheit zugestanden, wenn es wieder einmal schwierig wurde. Den beiden ist es gelungen, bei ihren Werten zu bleiben. Mit der Zeit wurde es leichter, und sie waren sogar, nach einigen weiteren Jahren, bei den Hochzeiten des jeweils anderen mit zu Gast – jeweils mit neuen Partnern.

Solche Prozesse sind schwierig, aber sie lohnen sich – nicht nur finanziell. Das Paar, von dem ich berichtet habe, hat für die Scheidung nur einen Bruchteil von dem Geld ausgegeben, was eine konfliktreiche Trennung mit doppelter juristischer Vertretung und vielen Gerichtsterminen gekostet hätte. Vor allem aber hat es sich gelohnt, weil vieles heil geblieben ist, obwohl die Ehe zerbrochen ist. Dieses Paar war stark und entschlossen. Nicht alle bringen solche Kraft allein auf. Die allermeisten brauchen Unterstützung. Nicht nur in psychologischer Beratung, sondern auch von anderen Betroffenen, in Familie und Freundeskreis und nicht zuletzt in der Kirchengemeinde. Überall dort, wo Menschen sind, die helfen können, die tragenden Werte weiterhin zu tragen. Ich würde mir wünschen, dass in Predigten häufiger von solchen guten Beispielen berichtet werden würde. Dass die tragenden Werte in Kirchengemeinden durchbuchstabiert werden würden, dass es Angebote gäbe, die Frieden und Respekt in Zeiten von Trennung und Scheidung befördern, die dem Heiligen Raum geben würden, was sich auch oder vielleicht sogar gerade in schwierigen Zeiten zeigen kann.

> Trennungen können auch gelingen. Sie können gut sein in dem Sinne, dass der Schaden begrenzt und viel Gutes bewahrt werden kann. Dazu braucht es Hilfe und Ermutigung von vielen Seiten – und ein offenes Gespräch.

Ideen auf dem Weg

Zum offenen Ende dieses Buches hin möchte ich gern noch drei Ideen skizzieren, die nicht meine sind, die ich aber für bedenkenswert halte im kirchlichen Ringen um eine hilfreiche Haltung zur Ehe. Dazu gehört auch die Abgrenzung von Ideen, die ich weniger hilfreich finde. All das ist natürlich Teil einer größeren Debatte, und ich freue mich über jeden konstruktiven Beitrag dazu. Ebenso hoffe ich, dass auch Leser*innen, die mit meinen Ausführungen bisher nicht einverstanden waren und dennoch weitergelesen haben (herzlichen Dank dafür!), meine Beiträge zur Diskussion als konstruktiv erleben werden. Ich freue mich über Rückmeldungen.

Ich glaube, dass die kirchliche Haltung zur Ehe nie fertig ist, sondern dass sie im Wandel der Zeit stets neu angepasst werden muss – gerade um den Kern des Glaubens immer wieder deutlich herauszuarbeiten. Ich glaube an eine bewahrende Veränderung. Weniger hilfreich finde ich Äußerungen zur Ehe, die so klingen, als müsste das Christentum mit aller Kraft versuchen, das gute Alte gegen das böse Neue zu verteidigen. Das Resultat ist oft ein Verharren in alten Rollenmustern und Gottesvorstellungen, die vielmehr in der Kultur verankert sind als im Glauben. Wenn das kirchliche Reden von Ehe den Anschluss an die Lebenswirklichkeit verliert, sondern stattdessen wie eine mittelalterliche Wiederholung patriarchalischer Dogmen daherkommt, ist niemandem geholfen. Dass Liebesbeziehung, Sexualität, Zusammenleben und Ehe heute in einem anderen Verhältnis zueinanderstehen als noch vor hundert Jahren, muss nicht heißen, dass die Liebe immer gottloser geworden ist.

Idee 1: Dem Kaiser, was des Kaisers ist?

Die Vermischung der Eheschließung nach den Gesetzen des jeweiligen Staates auf der einen Seite und der kirchlichen Hochzeitszeremonie auf der anderen ist historisch. Das heißt aber nicht, dass sie eine gute Idee ist. Erst seit 2009 dürfen sich Paare in Deutschland kirchlich trauen lassen, auch wenn sie nicht zuvor standesamtlich geheiratet haben. Die rechtlichen Regelungen wie Unterhalt, Erbrecht, Steuerfreibetrag, Schutzvorschriften für den Schwächeren beim Scheitern der Ehe oder Zugewinnausgleich gelten dann allerdings nicht für sie. In der Regel werden Eheschließung und Hochzeit noch immer zusammengedacht. Gesellschaftliche Normen aber ändern sich ebenso wie die rechtliche Bedeutung der Ehe. Bis heute tut sich die Kirche schwer mit solchen Veränderungen und wirkt auf viele so unbeweglich wie ein Ozeantanker (mit schwerer moralischer Fracht), der nur mühsam seinen Kurs ändert und irgendwie immer der Geschichte hinterhersteuert. Die Kirche ist der Verein der ewig Gestrigen geworden. Dabei ist das Selbstverständnis der Kirche ganz anders. Wenn schon ein Schiff, dann kommt es »geladen bis an sein' höchsten Bord, trägt Gottes Sohn voll Gnaden, des Vaters ewig's Wort«[93]. Die Kirche »trägt ein' teure Last«[94], sie hat eine Botschaft mit Ewigkeitswert, unabhängig von den Strömungen des Zeitgeistes. Sie muss wohl immer wieder eine neue Sprache finden, aber nicht immer wieder einen neuen Inhalt. Seit den Anfängen geht es um die Liebe, um Gott und die Welt.

Wie wäre es, die staatlichen Regelungen zur Ehe und den Segen der Kirche für das Zusammenleben noch viel deutlicher voneinander zu trennen, als es heute der Fall ist? Christinnen und Christen als Mitglieder demokratischer Staaten diskutieren mit allen anderen, welche Regeln es braucht, um Familien gute Lebensbedingungen zu schaffen, um die Rechte von Kindern und Frauen zu stärken, um den Schaden bei Trennungen gering zu halten. Das Ergebnis ist eine Entscheidung der Gesellschaft, in ständigem Wandel, in der die christlichen Stimmen einige unter vielen sind.

Davon unabhängig bietet die Kirche Segensfeiern für Paare an. Für Menschen, die sich für ihr gemeinsames Leben den Zuspruch der Liebe Gottes wünschen und das Gebet der Gemeinde. Das Ja-Wort, das gegenseitige Versprechen wäre in dieser Zeremonie nicht nötig. Sie sind ja Teil eines Vertragsabschlusses, der in den Bereich der staatlichen Regeln gehört. Der Segen Gottes besteht unabhängig davon, ob es uns gelingt, unsere Versprechen zu halten. Die heutige Nähe von staatlicher und kirchlicher Eheschließung bringt dieses Missverständnis mit sich, dass menschliches Scheitern in der Ehe den göttlichen Segen ungültig macht. Eine unabhängigere Segensfeier für Paare könnte die Kirche freier machen für den Kern ihrer Botschaft. Sie könnte dem Staat die Definition von »Ehe« überlassen und könnte sich in der Segnungsfeier vielmehr auf ihre ureigenen Inhalte konzentrieren: auf die Förderung eines fairen Miteinanders, auf die Liebe als lebendiges Zentrum und auf die Verbindung zu Gott.

Jesus wurde einmal zu seiner Einstellung zum römischen Steuerecht gefragt (vgl. Lukas 20,19-25) – eine Fangfrage, die Jesus angesichts der Ungerechtigkeit der staatlichen Regelung eigentlich nur falsch beantworten konnte: Hätte er sich für das Zahlen von Steuern ausgesprochen, hätte er das unterdrückte jüdische Volk verraten, hätte er dagegen gesprochen, hätte er sich strafbar vor den römischen Machthabern gemacht. Jesus lässt sich daraufhin eine Münze zeigen, die mit dem Porträt des Kaisers geprägt ist, und antwortet: »So gebt dem Kaiser, was des Kaisers ist, und Gott, was Gottes ist!« (Lukas 20,25b). Vielleicht wäre eine ähnliche Haltung zur Ehe auch heute hilfreich: Folgt den staatlichen Regeln zur Ehe und denkt darüber, was ihr wollt; gebt aber Gott, was Gottes ist – ein gerechtes Miteinander, gegründet auf Demut und Vergebung, Liebe im Alltag, gegründet auf Gottes Liebe, und eine Offenheit für das Heilige. Und spendet denen Gottes Segen, die sich das wünschen.

Idee 2: Kirchliche Scheidungsrituale?

Seit den 1980er-Jahren gibt es in der Evangelischen Kirche in Deutschland eine Diskussion um die Einführung von Scheidungsritualen. Ideen, wie so etwas aussehen könnte, gibt es genug: Paare könnten ihre Ringe zurück auf den Altar legen, in eine Mischung aus Asche (von verbrannten Schuldbriefen) und Erde können zwei Pflanzen in neue Töpfe gepflanzt werden, begossen aus einem »Tränenkrug« – besonders eindrücklich auch der Vorschlag des US-amerikanischen Lutheraners Mark Molldrem: Eingebettet in einen Gottesdienst mit den engsten Angehörigen und vorbereitet durch Seelsorgegespräche, werden auf dem Altar drei Kerzen entzündet.

Eine für die Ehe und je eine für die beiden, die sich trennen. Der Gottesdienst erkennt das Schwere der Trennung an, betont die Vergebung als Grundlage zukünftiger Verantwortung füreinander bzw. für gemeinsame Kinder und beinhaltet ein neues Versprechen der beiden, in Zukunft respektvoll miteinander umzugehen und einander das Leben zu gönnen. Nach einem Segen wird die Kerze der Ehe gelöscht, die beiden anderen brennen weiter.[95] Außerdem gibt es Vorschläge für Scheidungspredigten, Liturgien der Lösung, ganze Gottesdienstabläufe mit Liedern, Bibeltexten und Gebeten.

Eine beeindruckende Sammlung von über 300 Scheidungsritualen aus aller Welt, religiös säkular und therapeutisch hat Andrea Marco Bianca vorgelegt.[96] Diese Sammlung zeugt nicht nur von einem großen Bedarf und großer Kreativität, sie dokumentiert auch den kirchlichen Widerstand gegen solche Vorschläge. Die Gegenargumente kommen hauptsächlich aus zwei Richtungen:

1. **Theologische Bedenken:** Gerade in den 1980er- bis 1990er-Jahren gab es viele Stimmen, die vor falschen Signalen gewarnt haben. Das Angebot von Scheidungsritualen, so die Befürchtung, könnte den Eindruck erwecken, als wollte die Kirche die Scheidung legitimieren oder gar gutheißen. Manche empfanden die Vorschläge gar als zynisch und die Verwendung von Bibeltexten in diesem Zusammenhang als blasphemisch.
2. **Seelsorgerliche Bedenken:** Der Umgang mit Schuld und Scheitern, so argumentieren manche, gehöre nicht in einen öffentlichen Gottesdienst, sondern in den geschlossenen Raum der Seelsorge. Scheidungsrituale in der Kirche seien daher eine gute Idee am falschen Ort. Andere, die solchen Ritualen positiv gegenüberstehen, berichteten von geringer Nachfrage.

Immer wieder wird allerdings auf die Verantwortung der Kirche für Menschen in Trennung und Scheidung hingewiesen und die Frage gestellt, wie denn eine Nachfrage für Scheidungsrituale entstehen soll, wenn bisher von Kirchenleitungen derart ablehnende Aussagen zu hören sind. Vielleicht ist nach vierzig Jahren Diskussion die Zeit gekommen, ein deutlicheres Zeichen zu setzen und Menschen in solchen schwierigen Zeiten aktiv einzuladen, heilsame Erfahrungen in und mit der Kirche zu machen. Scheidung ausschließlich mit Schuld in Verbindung zu bringen und den öffentlichen Gebrauch von Gottes Wort von Vergebung, Trost und Neuanfang in diesem Zusammenhang als zynisch zu bezeichnen, mögen heute jedenfalls viele als zynisch bezeichnen.

Ich glaube, es geht bei Seelsorge und Ritual nicht um ein Entweder-oder, sondern um die Frage nach einer guten Verbindung. Ein Scheidungsritual fordert viel von den beiden, die sich trennen. Die Schmerzen des anderen anzuerkennen, den eigenen Teil der Verantwortung zu sehen, Wohlwollen für die Zukunft aufzubringen – all das ist schwer. Seelsorge kann hier helfen. Ein Ritual kann dieses Bemühen festigen und kann für Kinder und weitere An- und Zugehörige eine große Hilfe sein. Keiner der Vorschläge in Biancas Buch sieht ein rauschendes Fest vor. Die Abläufe der Gottesdienste erinnern eher an Trauerfeiern im kleinen Kreis. Ähnlich wie bei Trauerfeiern wäre es auch bei Scheidungsritualen nicht das Ritual an sich, das wirkt, sondern die Verbindung von vorbereitenden Gesprächen, der Bedeutung des Rituals und der Gemeinschaft, die es trägt.

Idee 3: Vorbeugen!

Es gibt zahlreiche Angebote für Paare, viele davon von hoher Qualität: Kommunikationskurse für Paare in Familienbildungsstätten, Eheseminare von Kirchengemeinden, Gesprächsgruppen in psychologischen Beratungsstellen. Die Finanzierung solcher Angebote ist allerdings oft schwierig. Und was es gar nicht gibt, ist Paartherapie mit Unterstützung der Krankenkasse. Dabei sind die gesellschaftlichen Kosten von weit über hunderttausend Scheidungen pro Jahr deutlich höher, als eine gute Förderung vorbeugender Angebote es je sein könnte.[97]

Aus der Erfahrung als Psychologe im Beratungsraum weiß ich, wie schwierig es sein kann, miteinander zu reden, wenn der Traum vom gemeinsamen Leben zerbricht. Verletzung, Wut, Enttäuschung und Angst verhindern oft jeden klaren Gedanken und machen gute Gespräche sehr anstrengend. Besonders wenn es existenziell wird, beginnt die Gesprächsatmosphäre sich schnell zu verkrampfen. Wenn die Partnerin oder der Partner befürchten, zu kurz zu kommen, was die Zeit mit den Kindern oder das Geld betrifft, beginnt oft ein Kampf, und meistens gibt es am Ende keine Gewinner, sondern nur Verlierer. Zudem hängt oft beides zusammen: Geld und Kinder. Professionelle Mediation kann hier viel bewirken. Geschulte Leute leiten das Gespräch, umschiffen emotionale Klippen und helfen, Lösungen zu finden, die alle Interessen berücksichtigen. Aber so etwas kostet ebenso Geld wie rechtliche Beratungen, die dann und wann nötig sind. Viele Paare scheuen diese Kosten, zumal nicht klar ist, wer sie tragen soll – gerade dann, wenn noch nicht geklärt ist, wer durch die Trennung wie viel Geld zur Verfügung hat. Die Folge sind oft Scheidungsprozesse mit je individueller anwaltlicher Begleitung, die jeweils für die Einzelnen um ein Vielfaches teurer ist. Auch hier braucht es einen vereinfachten Zugang zu Hilfen. Das wäre (auch volkswirtschaftlich) sinnvoll eingesetztes Steuergeld. Wie wäre es etwa mit einer staatlich geförderten Pflichtversicherung für Scheidungskosten? Sie würde automatisch einspringen, wenn Trennungsmediation nötig und hilfreich wäre. Und wer sie nicht braucht, kann sie weitervererben. Trennung und Scheidung sind ohnehin schon schwer genug. Auf diese Weise könnte zumindest etwas von dem Druck abgepuffert werden, und der Zugang zu Hilfe wäre leichter.

Ähnlich wie bei der Diskussion um Scheidungsrituale gibt es auch hier die Herausforderung der Nachfrage. Für viele Paare sind Trennungszeiten derart dramatisch, dass sie sich kaum gemeinsam in einem Raum aufhalten können, um ein Mediationsgespräch zu führen, von gemeinsamer Seelsorge ganz zu schweigen. Ich glaube aber, dass sich die Zeiten ändern. Ich bin überzeugt, dass es heute viel mehr Paare gibt als vor fünfzig Jahren, die sich um eine einvernehmliche Trennung bemühen und die dafür auch Vorbilder haben und Hilfsangebote annehmen wollen.

In meiner Arbeit als Paarberater war es immer die größte Freude zu erleben, wenn Paare rechtzeitig, vorbeugend zur Beratung gekommen sind. Manche haben sogar in halbjährlichem Abstand Termine mit mir vereinbart, um gegensteuern zu können, wenn es ungünstige Entwicklungen gab, die sie in einem Gespräch mit mir einfacher erkennen konnten als im Trubel des Alltags. Oft reichen ein oder zwei Gespräche, um wieder auf einen guten, gemeinsamen Weg zu kommen. Wie viele Trennungen und Scheidungen könnten verhindert werden, wenn es eine solche Kultur der Vorbeugung gäbe, die auch finanziert wäre?

Vieles ist in Bewegung, in vielen Gemeinden suchen Menschen Antworten auf die neuen Fragen von Ehe und Familie und damit auch von Trennung, Scheidung und neuen Familien. Ein offener Dialog über die tragenden Werte und die Bedeutung der kirchlichen Hochzeit, die Entwicklung hilfreicher Rituale und aktives Vorbeugen sind nur Beispiele für das, was notwendig ist.

Fazit: Die Kirche auf der Reise zum Mittelpunkt der Ehe

Auch die besten vorbeugenden Angebote werden nicht alle Trennungen verhindern können, so wie auch alles positive Reden der Kirche von der Ehe den Anstieg der Scheidungen nicht verhindert hat. Wenn 40 Prozent aller Ehepaare sich wieder scheiden lassen, bedeutet das auch, dass 60 Prozent zusammenbleiben. 40 Prozent brauchen helfende Angebote, auch von einer mitleidenden Kirche, um die Trauer- und Veränderungsarbeit zu leisten, die eine Trennung bedeuten kann. Angebote für Geschiedene, die auch im Gemeindebrief stehen, Scheidungsrituale mit seelsorgerlicher Vorbereitung, die den Segen der Kirchenleitung haben und öffentliche Förderung von Mediation und Paarberatung. 100 Prozent brauchen eine Kirche, die an die Werte der Ehe glaubt, die laut und deutlich von Gerechtigkeit, lebenslanger Liebe und Gottes Segen und Vergebung spricht. Eine Kirche, die für die Ehe spricht und zugleich offen ist für alles Scheitern, bleibt glaubwürdig. Sie würde auch in Ehefragen ein Evangelium vertreten, nach dem Gottes Zuwendung nicht vom menschlichen Erfolg abhängt.

HAPPY OPEN END!

Neulich im Gottesdienst hat mich die Aussage einer Pastorin gewurmt. Sie meinte, die Kirche habe die Aufgabe, im beliebigen Wehen des Zeitgeistes auf den Ursprung der christlichen Tradition, den Ausgangspunkt der Lehre, die Quelle unserer Werte hinzuweisen. Wer die Quelle aus den Augen verliere, meinte sie, könne leicht ein Opfer des eigenen Wunschdenkens werden oder der Erwartungen, die eben gerade modern sind. Die Aufgabe der Kirche sei es, das Gute des Anfangs zu bewahren.

Da ist sicher etwas dran, und doch ließ mich dieser Appell unzufrieden zurück. Nicht nur, weil mir nicht ganz klar war, was sie genau meinte mit dieser Quelle – die Bibel? Wenn ja, welche Teile daraus besonders – und warum nicht die anderen? Und wenn sie z. B. die Schöpfungsgeschichte oder die Weihnachtsgeschichte oder die Ostergeschichte oder die Apostelgeschichte meinte: In welcher Rangfolge? Und warum? Und in welcher Interpretation – der Martin Luthers oder der Papst Benedikts? Wie auch immer …

Doch auch wenn ich viele Fragen an diese Aussage hatte, war mir natürlich klar, dass man sie nicht alle in einer Predigt beantworten kann (oder gar sollte). Zudem fand ich, dass sie trotz allem etwas Wichtiges gesagt hatte, nämlich dass die Besinnung auf all diese Quellen und Ursprünge unendlich wertvoll sein kann. Allen voran der Blick auf die Quelle des Lebens. Und doch fehlte mir etwas Entscheidendes, nämlich der Blick nach vorn. Die Vision. Die Quelle des Lebens, davon bin ich überzeugt, liegt ebenso in der Zukunft wie in der Vergangenheit – und vielleicht noch mehr in ihrem Schnittpunkt, in der Gegenwart. Ich glaube, die Kirche, und damit jede Christin und jeder Christ, ist auf einer ständigen Reise zum Mittelpunkt zwischen dem Ursprung und der Verheißung, auf der Reise zur Gegenwart Gottes.

Das klingt vielleicht theologisch abgehoben. Aber es zielt auf das Thema dieses Buches hin: Eine Reise zum Mittelpunkt der Ehe, und zwar sowohl zum Mittelpunkt der Ehe als Idee als auch zum Mittelpunkt Ihrer ganz persönlichen Ehe, ist eine Reise, die ein bewegliches, offenes Ziel hat. Der Mittelpunkt ist in Bewegung, denn er ist lebendig, so wie die Gegenwart der lebendige, vibrierende Punkt zwischen Vergangenheit und Zukunft ist. Die Ehe – Ihre persönliche und die Ehe als Idee – muss zugleich rückwärts und vorwärts gedacht werden.

Gestern, heute, morgen – wohin geht Ihre Reise?

Am Anfang des Buches stand ein Rückblick auf die Geschichte der Ehe, die vielen Wurzeln, die sie hat, die Böden, in denen sie gewachsen ist, die Ideen, um die sie sich gerankt hat, die Früchte, die sie hervorgebracht hat, ungenießbare ebenso wie nahrhafte und süße. Was ist die Geschichte Ihrer Ehe? Auf welchen Vorannahmen ist sie gegründet, welchen Traditionen ist sie gefolgt, welche Vorbilder haben Sie? Was davon wollen Sie bewahren?

Es wurde ebenso deutlich, dass die Geschichte der Ehe nicht zu Ende geschrieben ist. Sie ist im Wandel. In hundert Jahren werden wir etwas anderes unter Ehe verstehen als wir vor hundert Jahren darunter verstanden haben. Das gilt auch für Ihre persönliche Ehe: Am Anfang hat sie etwas anderes bedeutet als heute und in zehn Jahren wird ihre Bedeutung sich wiederum verschoben haben. Die Geschichte Ihrer Ehe ist nicht fertig geschrieben. Die Frage ist also: Wie wollen Sie sie weiterschreiben?

Auf der Reise zum Mittelpunkt der Ehe ist ein Kern sichtbar geworden, der bei aller Veränderung trägt, das pulsierende Herz dieses Bundes für das Leben: Gerechtigkeit üben, Liebe entfalten, das Heilige suchen – darum geht es. Wo stehen Sie? Und vor allem: Wohin geht Ihre Reise? Bei jeder Weggabelung auf dem Weg Ihrer Partnerschaft geht es immer wieder darum, was gerecht, liebevoll und heilig ist. Ob Sie als Paar eine Phase mit heranwachsenden Kindern zu bewältigen haben oder nach dem Heranwachsen der Kinder als Paar übrig bleiben, ob Sie in erster oder zweiter Ehe füreinander da sind oder gemeinsam für andere, ob Sie allein mit den Resten einer Ehe zurückgeblieben sind oder in einem neuen Familiengeflecht die Übersicht zu bewahren versuchen, immer wieder geht es darum, wie Sie in Ihrem Denken und Handeln Gerechtigkeit üben können, wo und wie und für wen Sie Liebe entfalten können und in welchen Formen sich in all dem das Heilige zeigt. Eine Ehe ist kein Hafen. Sie ist ein Tanz, ein Sich-Ausstrecken nach einem immer neuen Gleichgewicht, eine beständige Reise zum Mittelpunkt.

EINE EHE IST KEIN HAFEN. SIE IST EIN TANZ, EIN SICH-AUSSTRECKEN NACH EINEM IMMER NEUEN GLEICHGEWICHT, EINE BESTÄNDIGE REISE ZUM MITTELPUNKT.

Eine Reise zum Mittelpunkt der Ehe – auch Ihrer – hat Etappen, Umwege und Rastplätze. Es gibt Unfälle, die Erste Hilfe notwendig machen und vielleicht einen neuen Plan für den weiteren Weg. Es gibt Wetter, das plötzlich hereinbricht und das man an einer geschützten Stelle vorüberziehen lassen muss. Es gibt Treffen mit anderen Reisenden. Und oft genug stellt sich heraus: Der Weg zum Mittelpunkt der Ehe ist ein Pilgerweg. Es warten kleine und große Erkenntnisse, Begegnung mit Fremdem, Neuem und immer wieder mit sich selbst. Und mit Gott, wenn der Himmel sich öffnet.

Gute Reise!

Ihr Lars Mandelkow

Briefe ohne Antwort VII

Gesendet: Donnerstag, 25. Juli 2019, um 21:21 Uhr
Von: »Maya Wegner« <maya@wegner.net>
An: »Joshua Wegner« <jw@connect-it.com>
Betreff: Bund für das Leben?

Lieber Josch,
heute Nacht habe ich geträumt. Du weißt, dass ich mich nicht oft an meine Träume erinnern kann, aber dieser hier war so klar, dass ich mit einer klaren Erinnerung aufgewacht bin, mit der Wärme der Sonne noch auf meinem Gesicht und dem Klang deiner Stimme noch im Ohr.
Ich weiß, dass ich nichts von dir zu fordern habe. Aber einen Traum kann ich dir wohl erzählen. Auch wenn sich selbst das unverschämt anfühlt und irgendwie riskant. So als würde ich alles auf eine Karte setzen. Ich bin die Schuldige in dieser Geschichte. Selbst wenn ich dich bitte, mir zu verzeihen und zu mir, zu uns zurückzukommen – wie soll das gehen? Wie kann ein gemeinsames Leben aussehen, das auf der Schuld der einen und der Vergebung des anderen gebaut ist? Es wäre eine schiefe Ebene, auf der wir immer wieder ins Rutschen kommen würden. Bei der kleinsten Erschütterung würde deine moralische Überlegenheit uns aus dem Gleichgewicht bringen. Ich würde als begnadigte Täterin mit meinen zwei Opfern zusammenleben, dir und dem Kind. Was für eine Mutter, was für eine Ehefrau könnte ich noch sein? Ich sehe keinen Weg. Ich weiß nicht, ob du einen siehst. Aber ich hatte diesen Traum. Den kann ich dir erzählen. Es ist ja nur ein Hirngespinst, kein Vorschlag oder Plan, und schon gar keine Forderung. Ich kann nichts fordern. Aber ich kann mir vorstellen, dass ich dir etwas zeige, über das ich im Labyrinth der Nacht

gestolpert bin. Was mir vor die Füße gefallen ist. Guck mal, was ich gefunden habe!
Wir stehen vor dem Altar in einer leeren Kirche. Mein Kleid ist kaputt. Ist grau und zerrissen. Dein Anzug ist dir viel zu groß, du siehst aus wie ein verkleidetes Kind. Alles fühlt sich irgendwie falsch an. Und dann ist Tobias da. Steht mit uns vor dem Altar, auch notdürftig als Pastor angezogen mit so einem weißen Talar und einer bunten Schärpe. Aber er lächelt, als würden ihn die Verkleidungen amüsieren. »Wollt ihr beiden miteinander einen Bund für das Leben schließen?«, fragt er uns. Und diese Worte kommen aus seinem Mund wie ein Geist aus der Flasche, wie etwas, das sich bewegt und wächst. »Das Leben« – die Worte werden größer und sie meinen zuerst mich und dann dich und uns und nach und nach alles, was lebt. Tobias zeigt den Mittelgang entlang zur Tür. Ein kleiner Junge geht vor uns her und streut Blumen, wir stolpern hinterher zur Tür, ein abgerissenes Paar, halten uns aneinander fest. Das Licht blendet, als wir durch die Kirchentür ins Freie treten. Es sind Leute da, aber die sehen nicht uns an, sehen nicht mich in meinem kaputten Kleid. Sie sehen hinaus auf das Meer. Und dann sagst du, zu mir, zu dem Kind, aber so laut, dass es alle hören können: »So ist es doch am besten: mit der Kirche im Rücken, und mit dem Blick auf den Horizont. Dort ist der Segen.«
Josch, ich bin hier, zu Hause. Ich weiß auch nicht, wo ich sonst hingehen sollte. Jetzt warte ich doch auf eine Antwort von dir.
Was sagst du?
Maya

ANMERKUNGEN

Die Internetlinks wurden am 03.03.2022 auf ihre Aktualität geprüft.

1 Unverkrampfte Hilfestellung für Formulierungen findet sich auf www.genderleicht.de.

2 »Humility is the willingness to see the self accurately and the propensity to put oneself in perspective. The great religious and spiritual traditions of the world encourage this form of humility.« Zitiert aus: R. A. Bollinger/P. C. Hill, Humility. In: T. G. Plante (Hrsg.), Religion, spirituality, and positive psychology: Understanding the psychological fruits of faith, Praeger, Santa Barbara/Denver/Oxford 2012, S. 31.

3 Die Ergebnisse der Studie sind zur Veröffentlichung in einer wissenschaftlichen Zeitschrift eingereicht. Eine Kurzfassung gibt es hier im Buch im Kapitel 2: Professionelle Ehe-Leute.

4 Lars Mandelkow, Der Bullerbü-Komplex. Und die Kunst, es gut sein zu lassen, SCM Hänssler, 2. Auflage, Holzgerlingen 2020.

5 Ein Mann, der wegen einer akuten Ehekrise bei mir in Beratung war, sagte einmal: »Na, Sie verdienen ja auch nicht schlecht in der Scheidungsindustrie.« Ich antwortete natürlich, dass selbst teure Beratungen meist deutlich günstiger seien als eine Scheidung, und lud ihn ein, zum nächsten Termin seine Ehefrau mitzubringen.

6 https://www.youtube.com/watch?v=OoSpFlL6kZM.

7 Vgl. Yuval Noah Harari, Eine kurze Geschichte der Menschheit, DVA, München 2013, S. 13–40.

8 Vgl. Glenn E. Weisfeld/Carol C. Weisfeld, Marriage: An Evolutionary Perspective. In: Neuroendocrinology Letters Special Issue, Suppl.4, Vol. 23, 2002: www.academia.edu/71 983 311/Marriage_an_evolutionary_perspective.

9 Vgl. Marie-Luise Schwarz-Schilling, Die Ehe. Seitensprung der Geschichte, Dielmann, Frankfurt am Main 2004, S. 17–20.

10 Vgl. Yuval Noah Harari, Eine kurze Geschichte der Menschheit, DVA, München 2013, S. 21.

11 Vgl. Marie-Luise Schwarz-Schilling, Die Ehe. Seitensprung der Geschichte, Dielmann, Frankfurt am Main 2004, S. 49–55.
Vgl. Erika Flatland, Høyt – En Reise I Himalaya, Kagge Forlag, Oslo 2020, S. 609–611.

12 Vgl. Carsten Frerk, Polygamie in Deutschland und der Welt, Forschungsgruppe Weltanschauungen in Deutschland, www.fowid.de/meldung/polygamie-deutschland-und-welt.

13 Die Polyandrie findet man z. B. in Teilen Indiens, insbesondere der Himalayaregion (Tibet, Kaschmir, Sikkim), Zaire, Nord-Nigeria, Paviotso (Nordamerika), Marquesas, Kandyan-Singhalesen (Sri Lanka) und Da-La (Indochina). Vgl. Helmut Lukas/Vera Schindler/Johann Stockinger, Eheformen, 1997: www.univie.ac.at/ksa/cometh/glossar/heirat/ida.htm.

14 https://fowid.de/meldung/polygamie-deutschland-und-welt.

15 Vgl. Yuval Noah Harari, Eine kurze Geschichte der Menschheit, DVA, München 2013, S. 111–117.

16 Vgl. Marie-Luise Schwarz-Schilling, Die Ehe. Seitensprung der Geschichte, Dielmann, Frankfurt am Main 2004, S. 61.

17 Vgl. Timo Maier, Das Eherecht im Codex Hammurabi und in den Institutionen des Gaius, GRIN Publishing GmbH, München 2006, S. 5.

18 Vgl. Yuval Noah Harari, Eine kurze Geschichte der Menschheit, DVA, München 2013, S. 182–184.

19 Sehr heiter und sehenswert: https://youtu.be/_49-BeMBIQQ.

20 Vgl. Waris Dirie mit Cathleen Miller, Wüstenblume, Verlagsgruppe Droemer Knaur GmbH & Co. KG, München 2018.

21 Vgl. Bundesgesundheitsministerium 2021: www.bundesgesundheitsministerium.de/service/begriffe-von-a-z/g/genitalverstuemmelung.html.

22 Vgl. ebd.

23 Vgl. Helen Fisher, Anatomy of Love: A Natural History of Mating, Marriage, and Why We Stray, W. W. Norton & Company, überarbeitete Neuauflage, New York 2016, S. 29.

24 Vgl. Lothar Haag, Das Sakrament der Ehe: Alt-Katholisches Eheverständnis in Geschichte und Gegenwart, Alt-Katholischer Bistumsverlag, Bonn 2016, S. 24.

25 Vgl. Erich Zenger, Die Schöpfungsgeschichten der Genesis im Kontext des Alten Orient. In: Welt und Umwelt der Bibel 2, Katholisches Bibelwerk, Stuttgart 1996, S. 32.

26 Vgl. Lothar Haag, Das Sakrament der Ehe: Alt-Katholisches Eheverständnis in Geschichte und Gegenwart, Alt-Katholischer Bistumsverlag, Bonn 2016, S. 19.

27 Vgl. ebd., S. 29.

28 Vgl. Marie-Luise Schwarz-Schilling, Die Ehe. Seitensprung der Geschichte, Dielmann, Frankfurt am Main 2004, S. 128–131.

29 Vgl. Maike Vogt-Lüerssen, Alltagsgeschichte des Mittelalters. Leben und Alltag im Mittelalter: www.kleio.org/de/geschichte/mittelalter/alltag/.

30 Vgl. Lothar Haag, Das Sakrament der Ehe: Alt-Katholisches Eheverständnis in Geschichte und Gegenwart, Alt-Katholischer Bistumsverlag, Bonn 2016, S. 40–41.

31 Vgl. ebd., S. 38.

32 Vgl. ebd., S. 42–44.

33 Vgl. ebd., S. 46.

34 Zitiert nach: Josef Finkenzeller, Die Lehre von den Sakramenten im allgemeinen. Von der Schrift bis zur Scholastik. In: Handbuch der Dogmengeschichte. Bd. 4: Sakramente – Eschatologie, Herder, Freiburg im Breisgau 1980, S. 39.

35 Vgl. Ralf Miggelbrink, Ist die Ehe ein Sakrament? Die Sakramentalität der Ehe im Kontext einer zeitgenössischen Sakramententheologie. In: Geist & Leben 74, Nr. 3, Echter Verlag GmbH, Würzburg 2001, S. 2.
Vgl. Lothar Haag, Das Sakrament der Ehe: Alt-Katholisches Eheverständnis in Geschichte und Gegenwart, Alt-Katholischer Bistumsverlag, Bonn 2016, S. 42 f.

36 Vgl. Maike Vogt-Lüerssen, Alltagsgeschichte des Mittelalters. Leben und Alltag im Mittelalter: www.kleio.org/de/geschichte/mittelalter/alltag/.

37 Vgl. ebd.

38 Henning Jürgens, Eheordnungen – Ordnungen für die Ehe als »Weltlich Ding«. In: Gute Ordnung – Ordnungsmodelle und Ordnungsvorstellungen in der Reformationszeit, hrsg. von Irene Dingel/Armin Kohnle, Evangelische Verlagsanstalt, Leipzig: 2014, S. 226.

39 Zitiert nach: ebd., S. 224.

40 Vgl. Julia Knop, Beziehungsweise. Theologie der Ehe, Partnerschaft und Familie, Verlag Friedrich Pustet, Regensburg 2019, S. 239–242.

41 Papst Paul VI., Gaudium et spes, 1965, Kapitel 48.

42 Kenneth Pargament, Spiritually Integrated Psychotherapy. Understanding and Addressing the Sacred, Guilford Press, New York 2011, S. 33.

43 Für eine grundlegende Auseinandersetzung vgl. Rudolf Otto, Das Heilige. Über das Irrationale in der Idee des Göttlichen und sein Verhältnis zum Rationalen, Klotz Verlag, 17.–22. Auflage, Gotha 1929.

44 Vgl. Veronika Jüttemann (Hg.), Verliebt – Verlobt – Verheiratet. Wandel der Hochzeit im 20. Jahrhundert, 2009: https://repositorium.uni-muenster.de/document/miami/ee604d56-2fb5-4e21-a2d2-a4b5423a85f2/wandel_hochzeit_20_jh.pdf, S. 183.
Vgl. www.ortsdienst.de/faq-standesamt/was-ist-das-verbot-der-religioesen-voraustrauung-faq2921/.

45 Vgl. Monika Wienfort, Verliebt, Verlobt, Verheiratet: Eine Geschichte der Ehe seit der Romantik, C.H. Beck, München 2014, S. 14.

46 Immanuel Kant's Grundlegung zur Metaphysik der Sitten, vol. 28, hrsg. und erläutert von J. H. von Kirchmann, Verlag von L. Heimann, Berlin 1870, 1. Teil, 3. Abschnitt, § 24.

47 Vgl. Kuster, F., Verdinglichung und Menschenwürde. Kants Eherecht und das Recht der häuslichen Gemeinschaft. Kant-Studien, 102(3), Walter de Gruyter GmbH, Berlin 2011, S. 335–349.

48 Vgl. Felicitas von Lovenberg, Verliebe dich oft, verlobe dich selten, heirate nie? Die Sehnsucht nach der romantischen Liebe, Verlagsgruppe Droemer Knaur GmbH & Co. KG, München 2016, S. 27–31.

49 »Ehe zur linken Hand« oder »Morganatische Ehe« bezeichnet eine Zweitehe, die in mittelalterlichen Fürstenhäusern neben der standesgemäßen Ehe bestand und außerhalb von Erb- und Thronfolgerecht geschlossen wurde – aus Liebe. Vgl. Monika Wienfort, Verliebt, Verlobt, Verheiratet: Eine Geschichte der Ehe seit der Romantik, C.H. Beck, München 2014, S. 48–49.

50 William Shakespeare, Romeo und Julia, übersetzt von Erich Fried, Surkamp Verlag, Berlin 1591/2011, II. 2.

51 Vgl. Irma Gleiss, Der Romantische Liebesentwurf. In: Journal für Psychologie 15, Nr. 1, Psychosozial Verlag, Gießen 2007, S. 19–24.

52 Friedrich Schleiermacher, Vertraute Briefe über Friedrich Schlegels Lucinde, Walter de Gruyter GmbH, Berlin 2018, S. 165.

53 Achim von Arnim, Armut, Reichtum, Schuld und Buße der Gräfin Dolores, BoD – Books on Demand GmbH, Norderstedt 2011, Kapitel 11, Strophen 2–4, S. 701.

54 Joseph von Eichendorff, Mädchenseele. In: Joseph von Eichendorff, Werke. Band 1, Ausgabe von 1841, Winkler Verlag, München 1970, S. 189.

55 Johann Wolfgang von Goethe, Die Wahlverwandtschaften, Deutsches Textarchiv 1809, Band 1, Kapitel 12, S. 214.

56 Vgl. Helen Fisher, Anatomy of Love: A Natural History of Mating, Marriage, and Why We Stray, W. W. Norton & Company, überarbeitete Neuauflage, New York 2016, S. 153–158.

57 Vgl. Tatjana Schnell, The Psychology of Meaning in Life, Routledge, London 2020, S. 88–100.

58 Felicitas von Lovenberg, Verliebe dich oft, verlobe dich selten, heirate nie? Die Sehnsucht nach der romantischen Liebe, Verlagsgruppe Droemer Knaur GmbH & Co. KG, München 2016, S. 135.

59 »Die Gegenüberstellung von Vernunft-Ehe und Liebesheirat, mit den entsprechenden Liebesentwürfen, folgt der Trennung von Verstand und Gefühl, die nur schwer aufrechterhalten werden kann. Die Idealisierung von Verstand und Wissen durch die Aufklärung korrespondiert mit der Idealisierung von Gefühl und Glauben in der Romantik, wobei die Ideale noch wenig darüber sagen, wie die Praxis ausgesehen hat. Auch die schrillsten Romantiker kommen ohne den gesunden Menschenverstand nicht aus, und auch die rationalsten Wissenschaftler lassen sich nicht nur im Alltag und in der Liebe, sondern auch in der Wissenschaft wesentlich öfter vom Glauben leiten als von absolut sicherem Wissen. Der große Unterschied zwischen Romantik und Aufklärung besteht nicht darin, was geglaubt oder gewusst wird, sondern wie Glaube und sog. wissenschaftliche Wahrheit bewertet werden. Und da erscheinen die Romantiker mitunter realistischer als die Vertreter der exakten Wissenschaft. Der verborgene Realismus der Romantik ist also genauso interessant wie der verborgene Mystizismus

der sog. exakten Wissenschaft.« Zitiert aus: Irma Gleiss, Der Romantische Liebesentwurf. In: Journal für Psychologie 15, Nr. 1, Psychosozial Verlag, Gießen 2007, S. 25.

60 https://www.bib.bund.de/DE/Fakten/Fakt/B25-Bevoelkerung-Familienstand-ab-1970.html.

61 … und ein voll entwickeltes, gesundes Kind – »das pralle Leben« wie eine Nachbarin sagte.

62 Udo Jürgens, Ein ehrenwertes Haus. Quelle: LyricFind, Songwriter: Udo Jürgens/Michael Kunze, © BMG Rights Management, Strophen 1–3.

63 Eine differenzierte Studie hoher Qualität zeigt die unterschiedlichen Einstellungen zur Ehe in Deutschland: Norbert F. Schneider/Heiko Rüger, »Wert Der Ehe/Value of Marriage. In: Zeitschrift für Soziologie 36, Nr. 2 (2007), Lucius & Lucius Verlag, Stuttgart: www.researchgate.net/publication/305 055 698_Wert_der_Ehe_Value_of_Marriage.

64 Zahlen und Trends: Bundesinstitut für Bevölkerungsforschung: www.bib.bund.de, z. B. www.bib.bund.de/DE/Fakten/Fakt/L120-Erste-Ehe-Wiederheirat-ab-1951.html.

65 Hartmann Tyrell, Ehe und Familie – Institutionalisierung und Deinstitutionalisierung. In: Die »postmoderne« Familie: familiale Strategien und Familienpolitik in einer Übergangszeit, Konstanzer Beiträge zur sozialwissenschaftlichen Forschung, Konstanz 1988, S. 145.

66 Ein Artikel mit dem Titel »Marriage Justice, Quality and Sacredness as Seen by German Lawyers, Counsellors, and Clergy.« ist zur Veröffentlichung eingereicht.

67 Vgl. Carsten Wippermann, »Partnerschaft und Ehe – Entscheidungen im Lebensverlauf. Einstellungen, Motive, Kenntnisse des rechtlichen Rahmens«, hrsg. vom Bundesministerium für Familie, Senioren, Frauen und Jugend, 5. Auflage, Berlin 2014.

68 Vgl. Norbert F. Schneider/Heiko Rüger, »Wert Der Ehe/Value of Marriage. In: Zeitschrift für Soziologie 36, Nr. 2 (2007), Lucius & Lucius Verlag, Stuttgart: www.researchgate.net/publication/305 055 698_Wert_der_Ehe_Value_of_Marriage.

69 Wobei die Diskussion um eine gerechte Bewertung von Trans-Frauen beim olympischen Gewichtheben sehr spannend ist …

70 Ich verzichte an dieser Stelle auf eine Diskussion über die Gerechtigkeit mit Blick auf die Größe von Schuhschränken angesichts tendenziell unterschiedlicher Schuhgrößen, weil ich den Eindruck vermeiden will, stereotype Geschlechterrollen zu bedienen.

71 Vgl. Yanna J. Weisberg/Colin G. DeYoung/Jacob B. Hirsh, Gender Differences in personality across the ten aspects of the Big Five, frontiers in Psychology 2, Nr. 178, Frontiers Media SA, Lausanne 2011, S. 1–11.

72 Hans Jellouschek, Warum hast du mir das angetan? Untreue als Chance, Piper Verlag GmbH, München 2015.

73 Hans Jellouschek, Wenn Paare älter werden. Die Liebe neu entdecken, Verlag Herder GmbH, Freiburg im Breisgau 2008.

74 Hans Jellouschek, Die Kunst, als Paar zu leben, Verlag Herder GmbH, Freiburg im Breisgau 2013.

75 Hans Jellouschek, Paartherapie. Damit die Liebe bleibt, Kreuz Verlag, Freiburg im Breisgau 2005.

76 Vgl. Walter Toman, Familienkonstellationen. Ihr Einfluss auf den Menschen, C. H. Beck, München 2002.
Vgl. Hartmut Kasten, Der aktuelle Stand der Geschwisterforschung. In: Das Online-Familienhandbuch des Staatsinstituts für Frühpädagogik und Medienkompetenz (IFP), 2004: www.familienhandbuch.de/imperia/md/content/stmas/familienhandbuch/familienforschung-geschwister.pdf.

77 Finden Sie bei Bedarf z. B. eine psychologische Beratungsstelle in Ihrer Nähe unter https://hilfe.diakonie.de/hilfe-vor-ort/alle/bundesweit/?text=&ersteller=&ansicht=karte.

78 Vgl. Lars Mandelkow, Der Bullerbü-Komplex. Und die Kunst, es gut sein zu lassen, SCM Hänssler, 2. Auflage, Holzgerlingen 2020, S. 105–138.

79 Vgl. Antje Stiebitz, Heiliges Bad in schmutzigem Wasser, Deutschlandfunk Kultur, 04. 07. 2021: www.deutschlandfunkkultur.de/indische-flussgoettinnen-heiliges-bad-in-schmutzigem-wasser.1278.de.html?dram:article_id=499 682.

80 Vgl. Horst Herrmann, Lexikon der kuriosesten Reliquien. Vom Atem Jesu bis zum Zahn Mohammeds, Rütten & Loening, Frankfurt am Main 2003, S. 218.

81 Wäre diese Veränderung nicht mit der Blütezeit des Patriarchats zusammengefallen, würden wir heute von der »Allmutter« sprechen.

82 Karl Jaspers, Vom Ursprung und Ziel der Geschichte, Piper Verlag GmbH, München 1949, S. 17.

83 Vgl. Wolfgang Schluchter, Rationalismus als Weltbeherrschung. Studien zu Max Weber, Suhrkamp Verlag, Frankfurt am Main 1980, S. 7.

84 Vgl. Hans Joas, Die Macht des Heiligen. Eine Alternative zur Geschichte von der Entzauberung, Surkamp Verlag, Berlin 2017.

85 Natürlich drei – daran führt wohl kein Weg vorbei.

86 Guy Bodenmann, Mit ganzem Herzen lieben. Commitment – Wie Ihre Beziehung langfristig glücklich bleibt, Verlagsgruppe Patmos, Ostfildern 2021, S. 15–30.

87 Fulbert Steffensky/Claus Bantzer, Geben, was wir nicht haben: Segnen – Skizzen einer Geste, Audio-CD, Edition Chrismon/Evangelische Verlagsanstalt, Leipzig 2008.

88 www.destatis.de/DE/Themen/Gesellschaft-Umwelt/Bevoelkerung/Eheschliessungen-Ehescheidungen-Lebenspartnerschaften/_inhalt.html.

89 Vgl. Kathleen E. Jenkins, Sacred Divorce: Religion, Therapeutic Culture, and Ending Life Partnerships Rutgers University Press, New Brunswick 2014.

90 Ebd., S. 22 (Übersetzung durch den Autor)

91 Vgl. ebd., S. 35–37.

92 Ermutigende Beispiele etwa vom Team F (www.team-f.de), bei Beratungsstellen der Diakonie oder der Caritas.

93 Evangelisches Gesangbuch: Ausgabe für die Evangelisch-Lutherischen Kirchen in Bayern und Thüringen. 2. Auflage, Evangelischer Presseverband für Bayern, München 1995, S. 40.

94 Ebd.

95 Vgl. J. M. Paquette, Lutheran blessing for the divorced. Beliefnet.com, 2005, S. 1–2: www.beliefnet.com/faiths/christianity/2001/04/lutheran-blessing-for-the-divorced.aspx.

96 Andrea Marco Bianca, Scheidungsrituale. Globale Bestandsaufnahme und Perspektiven für eine glaubwürdige Praxis in Kirche und Gesellschaft, Theologischer Verlag Zürich, Zürich 2015.

97 www-genesis.destatis.de/genesis/online?operation=previous&levelindex=1&step=1&titel=Ergebnis&levelid=164 544 270 3303&acceptscookies=false#abreadcrumb.

Lars Mandelkow

Der Bullerbü-Komplex
Und die Kunst es gut sein zu lassen

Brave Kinder, gelassene Eltern, ein ausgeglichener Alltag – so geht Familie. Bei Ihnen etwa nicht? Dann ist dieses Buch genau das richtige für Sie! Wir müssen nicht ständig einem Idealbild hinterherlaufen. Ein Buch, das vom Druck befreit, perfekt sein zu müssen – endlich!

Klappenbroschur, 13,5 × 21,5 cm, 224 Seiten
Nr. 395.980, ISBN 978-3-7751-5980-7
Auch als E-Book e

SCM
Hänssler